読みなおす日本史

信長と家康の軍事同盟

利害と戦略の二十一年

谷口克広

吉川弘文館

はじめに

戦国時代は実力闘争の時代である。戦国群雄たちは、生き残るためにあらゆる方策を用いた。裏切り・謀反は当たり前だったから、家臣に対してすら心を許すわけにはゆかなかった。ましてや戦国大名同士の信義関係など成り立つわけがない。だいたい「信義」というのは、江戸時代、世の中が治まってからできた道徳なのである。

それでいて戦国時代には、数多くの「同盟」が結ばれている。そして、それらのほとんどは数年後には破棄されている。そもそも結ばれた動機がその場しのぎのためにすぎないのだから、事情が変化すれば簡単に破られてしまうわけである。それが戦国時代のいわば「常識」であった。

ところがその「常識」と異なる現象が一つだけある。織田信長と徳川家康との間に結ばれた「清須同盟」である。結ばれたのが永禄四年（一五六一）とされる。そしてこの同盟は、なんと天正十年（一五八二）に信長が本能寺の変で倒れるまで続くのである。その間、実に二十一年、戦国時代の奇跡といってよい。

なぜこのような「奇跡」が起こったのだろうか。信長・家康二人とも、戦国には特異なほど信義に厚い人物だったからだろうか。そんなはずはあるまい。

よく言われていることは、信長の一方的な要求を家康がひたすら耐えたから、という解釈である。それも、やはり単純すぎる解釈だと思われる。家康も信長と同じく、謀略を駆使して戦国を生き延びた武将なのだから。

では、このいわゆる「清須同盟」が長い期間続いた本当の理由は、何ゆえなのだろうか。そして、同盟の実体は伝えられている通りなのだろうか。信長と家康両方に焦点を合わせて、清須同盟の実体を探ろうとしたのがこの小冊である。

この小冊は三部から成っている。第一部は「同盟の成立」、桶狭間の戦いの後に同盟が成立するところまで語っている。第二部は「同盟の展開」、信長の天下人への動きと武田氏との戦いを中心とした内容である。第三部は「同盟の変質」、天下人信長とそれに従属してゆく家康の動きを描いている。そして本能寺の変で同盟は終了するが、いちおうその後の家康をもかんたんに追ってゆく。

信長・秀吉・家康という戦国三大英雄のうちの二人が、この小冊の主役である。信長と家康に関しての歴史を知ることにより、小説とは違った面白さを感じてくだされば、著者としては喜ばしい限りである。

目　次

第三章　同盟の成立

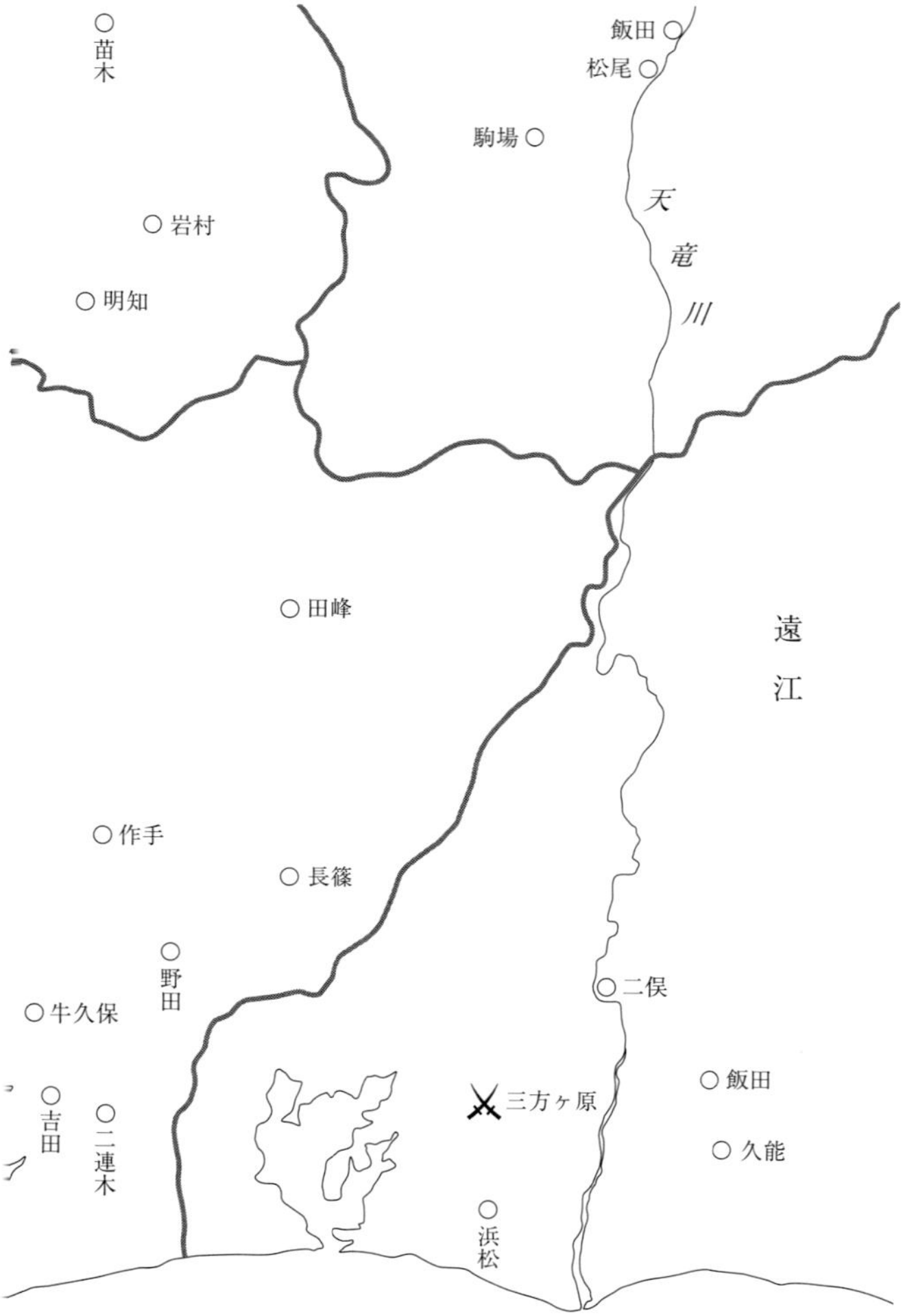
苗木
飯田
松尾
駒場
岩村
明知
天竜川
田峰
遠江
作手
長篠
野田
牛久保
二俣
飯田
吉田
二連木
三方ヶ原
久能
浜松

巣山
岐阜
墨俣
犬山
森部
大垣
小牧
岩倉
尾張
守山
清須
勝幡
津島
那古野
末森
古渡
熱田
鳴海
沓掛
足助
松平郷
長島
大給
桑名
大高
桶狭間
三
滝脇
岩津
河
刈谷
能見
緒川
伊
勢
湾
福釜
安城
岡崎
大野
藤井
桜井
常滑
大浜
西尾
東条
深溝
長沢
形原
竹谷
田原

尾張・三河要図

高遠
韮崎
甲府
大島
信濃
甲斐
飯田
松尾
駒場
田峰
河
駿河
遠江
江尻
駿府
長篠
二俣
野田
田中
諏訪原
飯田
掛川
小山
堀江
三方ヶ原
久能
浜松
高天神
横須賀
天竜川

遠江・駿河要図

越　前
郡上八幡
美　濃
加治田
兼山
近江
軽海
岐阜
曽根
大垣
関ヶ原
犬山
岩村
明知
岩倉
小牧
尾　張
勝幡
清須
守山
那古野
津島
末森
古渡
熱田
足助
長島
伊勢
桶狭間
三
大高
横根
刈谷
緒川
安祥
岡崎
作手
大野
常滑
大浜
西尾
東条
深溝
牛久保
吉田
二連木
田原

美濃・尾張・三河・

信長と家康の版図変遷①

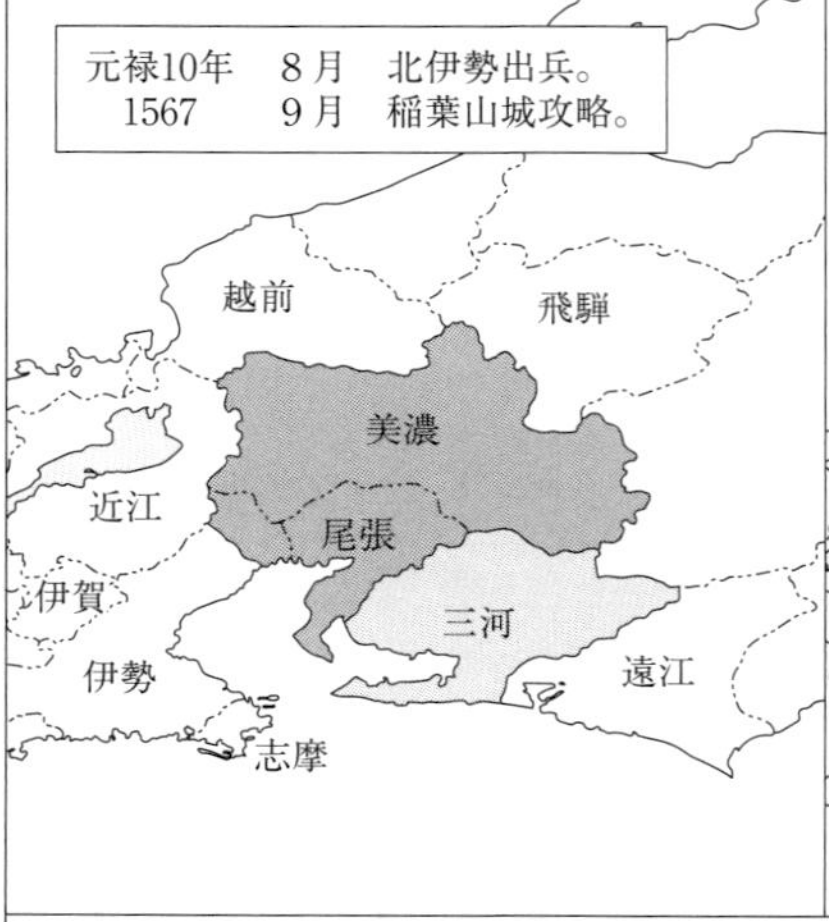

信長と家康の版図変遷②

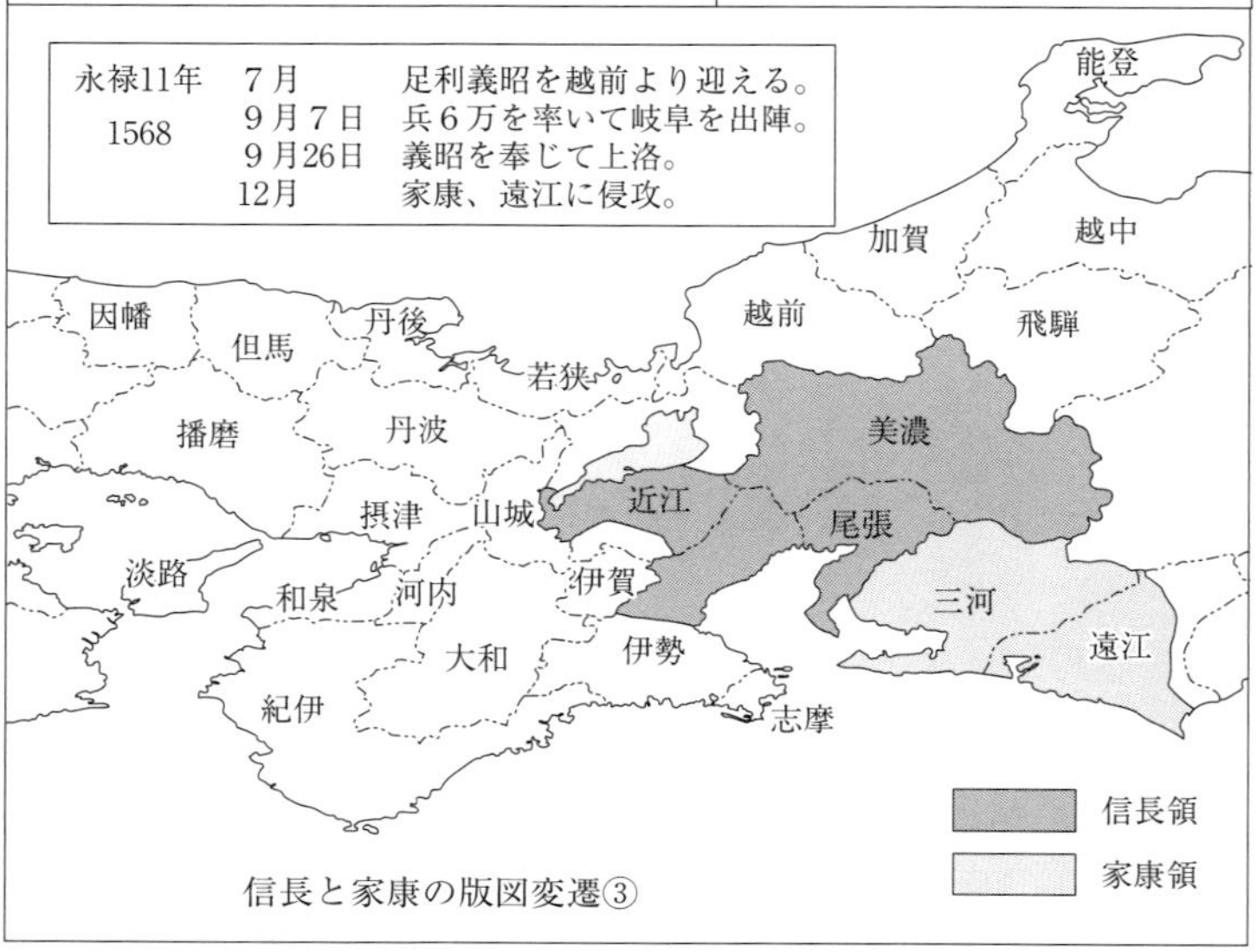

信長と家康の版図変遷③

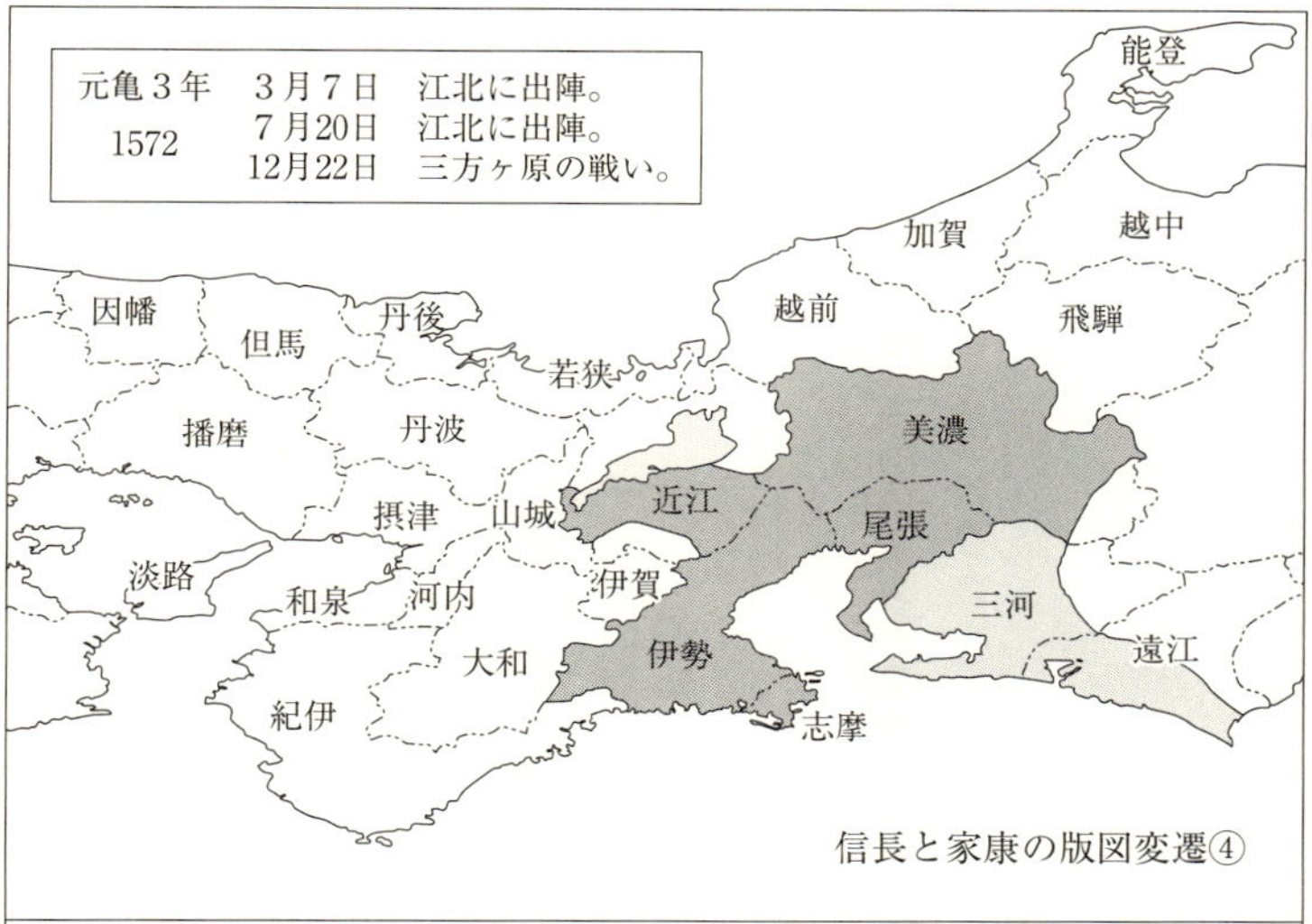

信長と家康の版図変遷④

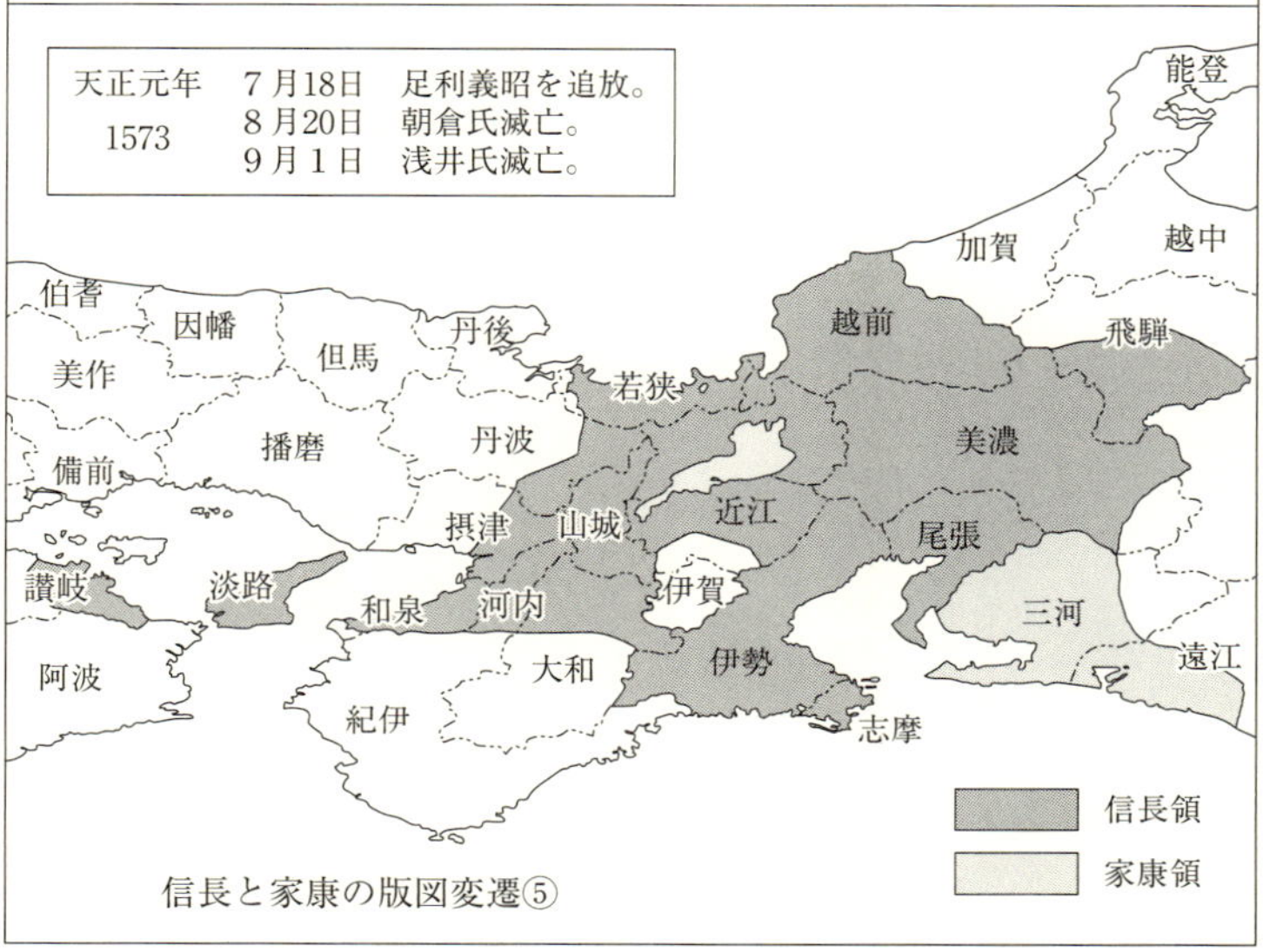

信長と家康の版図変遷⑤

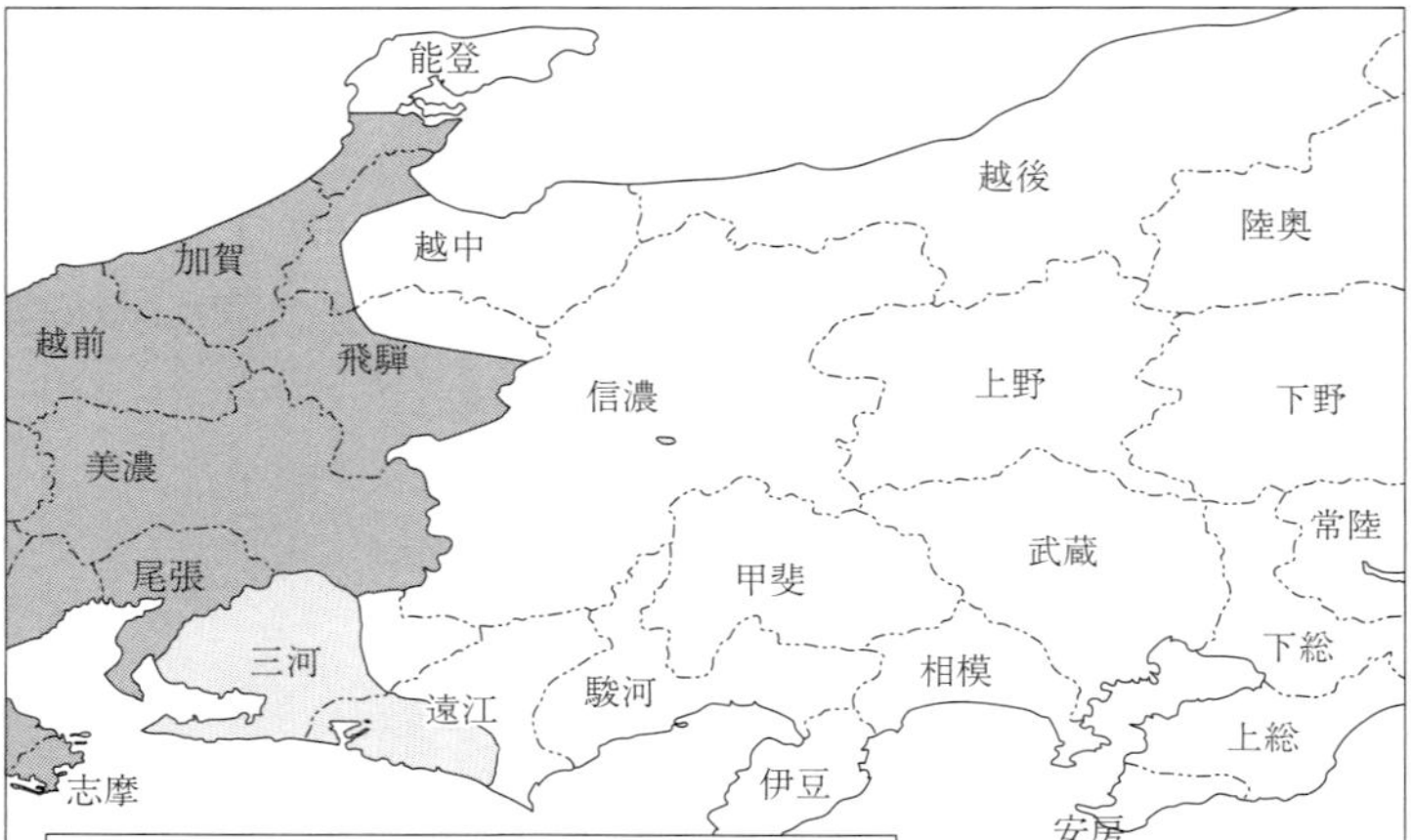

天正８年 1580	１月17日	別所長治が三木城を開城。
	８月２日	教如が石山本願寺を退去。
	11月17日	加賀一向一揆を平定。

信長と家康の版図変遷⑦

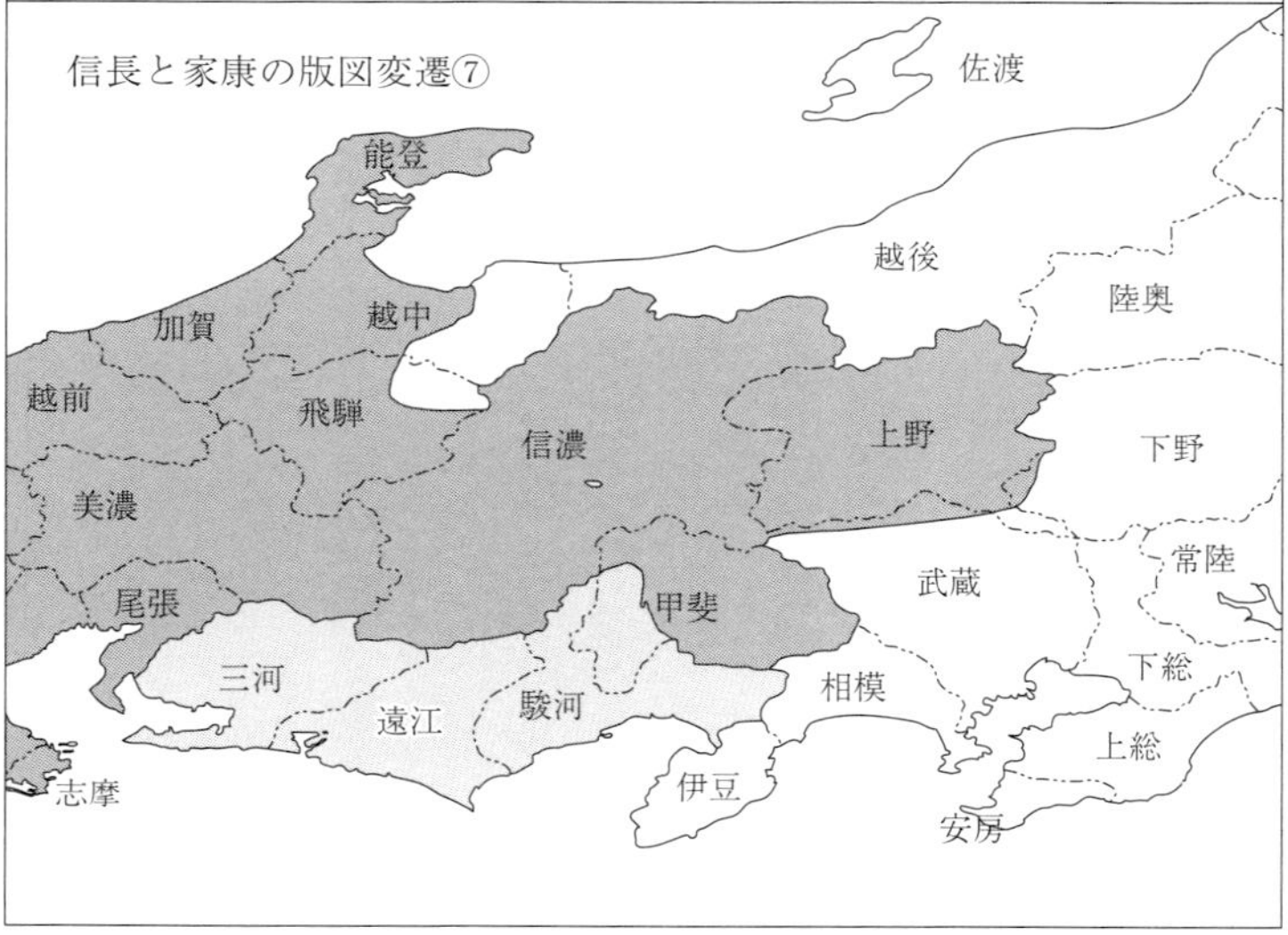

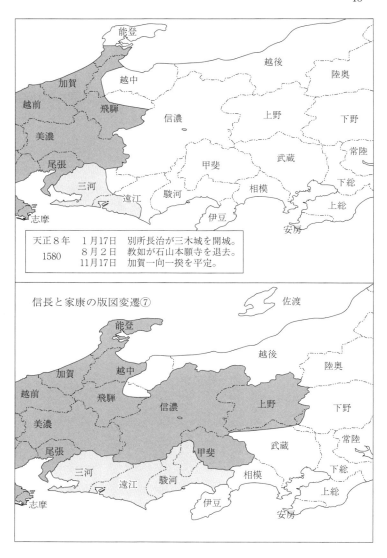

信長と家康の版図変遷⑥

信長領
家康領

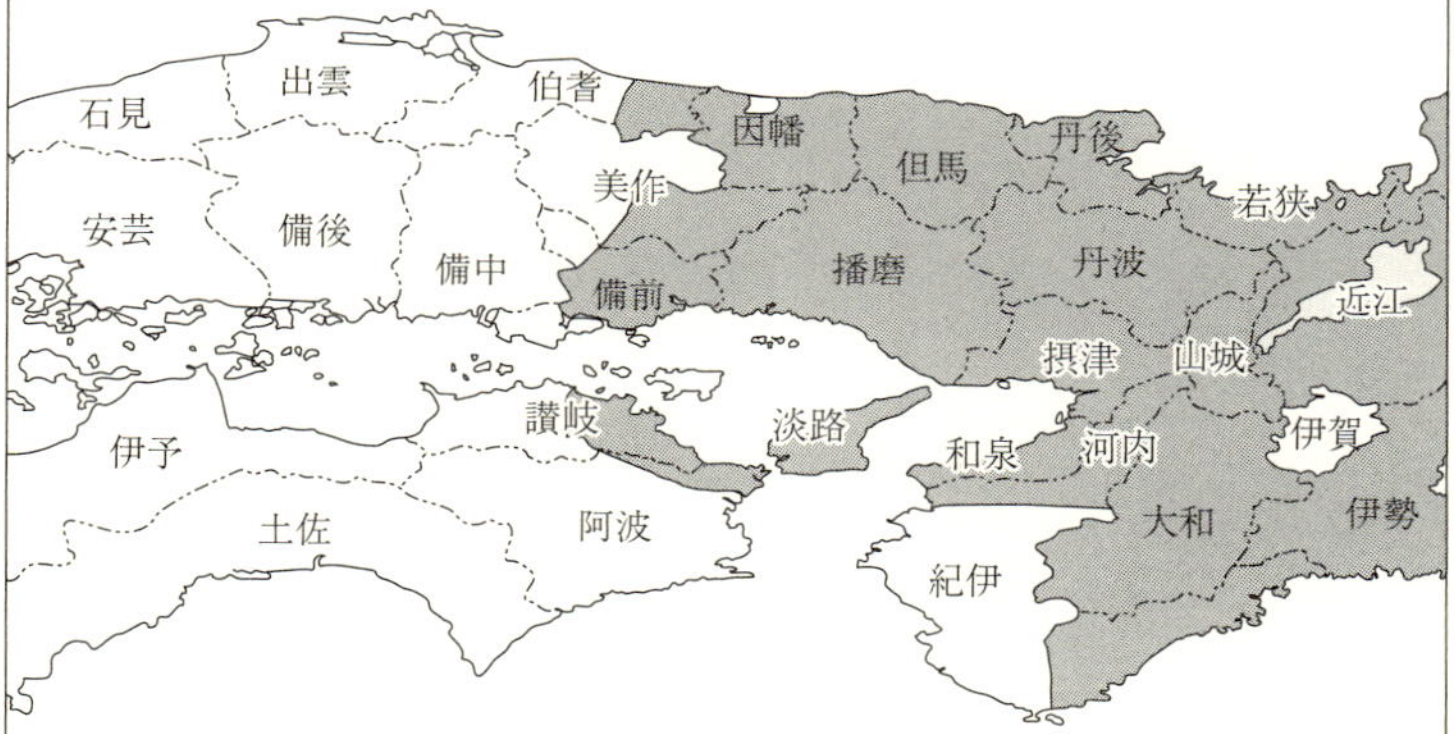

天正10年 1582	2月3日	武田平定戦を開始。
	3月2日	信濃・高遠城が陥落。
	3月11日	勝頼が自刃し武田家滅亡。
	6月2日	明智光秀が謀反。

信長領
家康領

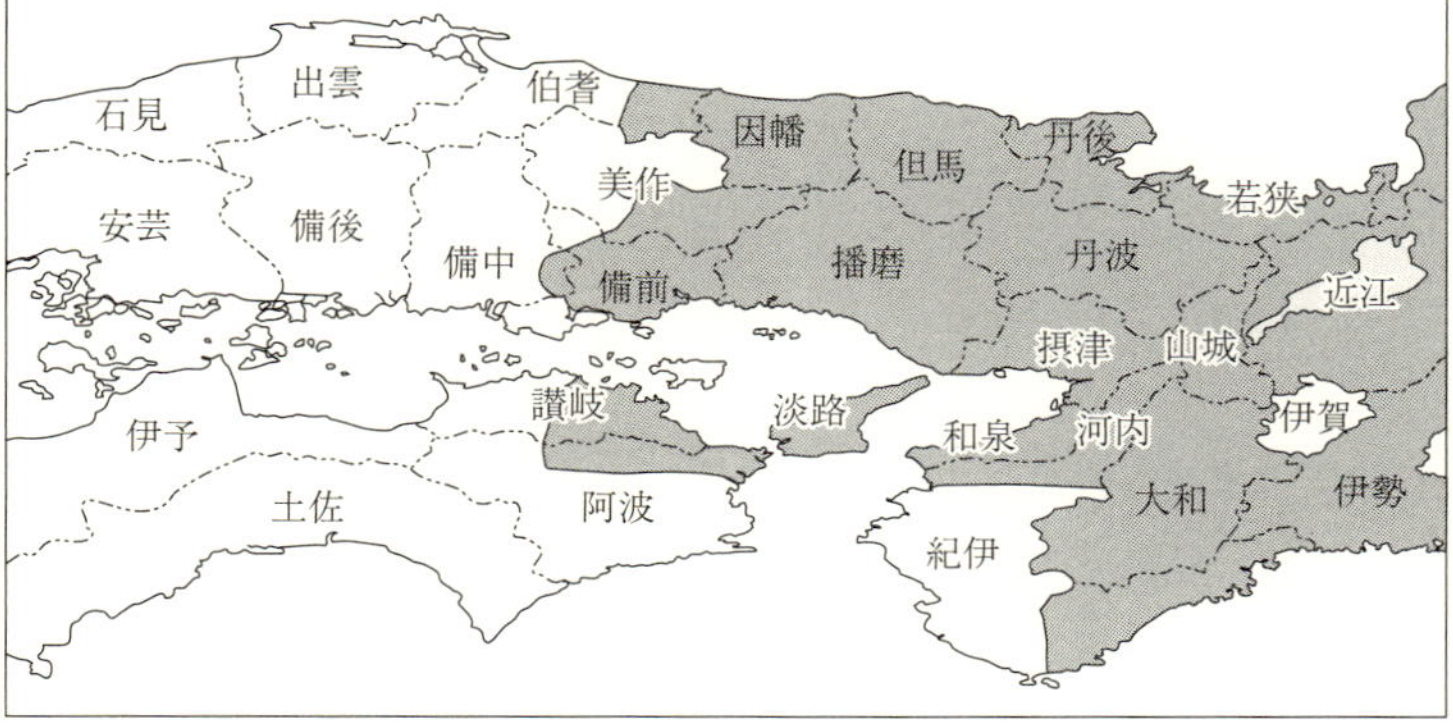

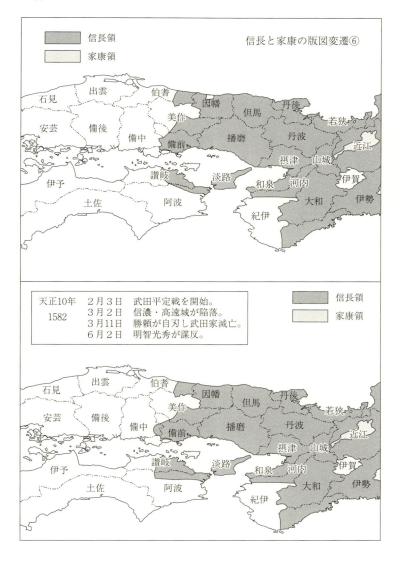

第一部　信長と家康の接触と交流―同盟の成立

第一章　信長と家康の出会い

一　織田家と松平家

尾張織田家

織田氏は、尾張の守護代の家柄である。越前劔《つるぎ》神社の神官の出自といわれる。それが織田荘の荘官として力を伸ばし、越前守護の斯波《しば》氏に仕えた。十四世紀の末、斯波氏が尾張守護をも兼務するようになったので、尾張に移ってきたのである。その後、代々守護代を務めることになる。

十五世紀後半、尾張織田家は幕府や守護家の内紛に巻き込まれて、二つに分かれてしまう。岩倉《いわくら》城を本拠とする伊勢守《いせのかみ》家と清須《きよす》城に居る大和守《やまとのかみ》家である。両家は争いの末、尾張を分割して支配することで講和した。その後、伊勢守家は尾張の上《かみ》四郡（丹羽《にわ》・葉栗《はくり》・中島《なかじま》・春日井《かすがい》）、大和守家は下《しも》四郡（海西《かいさい》・海東《かいとう》・愛知《あいち》・知多《ちた》）を支配下に置いたという。

信長を生んだ家系は、伊勢守家でも大和守家でもない。大和守に仕える奉行の家なのである。弾《だん》正忠《じょうのちゅう》の官名を名乗るのが慣例なので、「弾正忠家」と呼んでいる。

織田家略系図

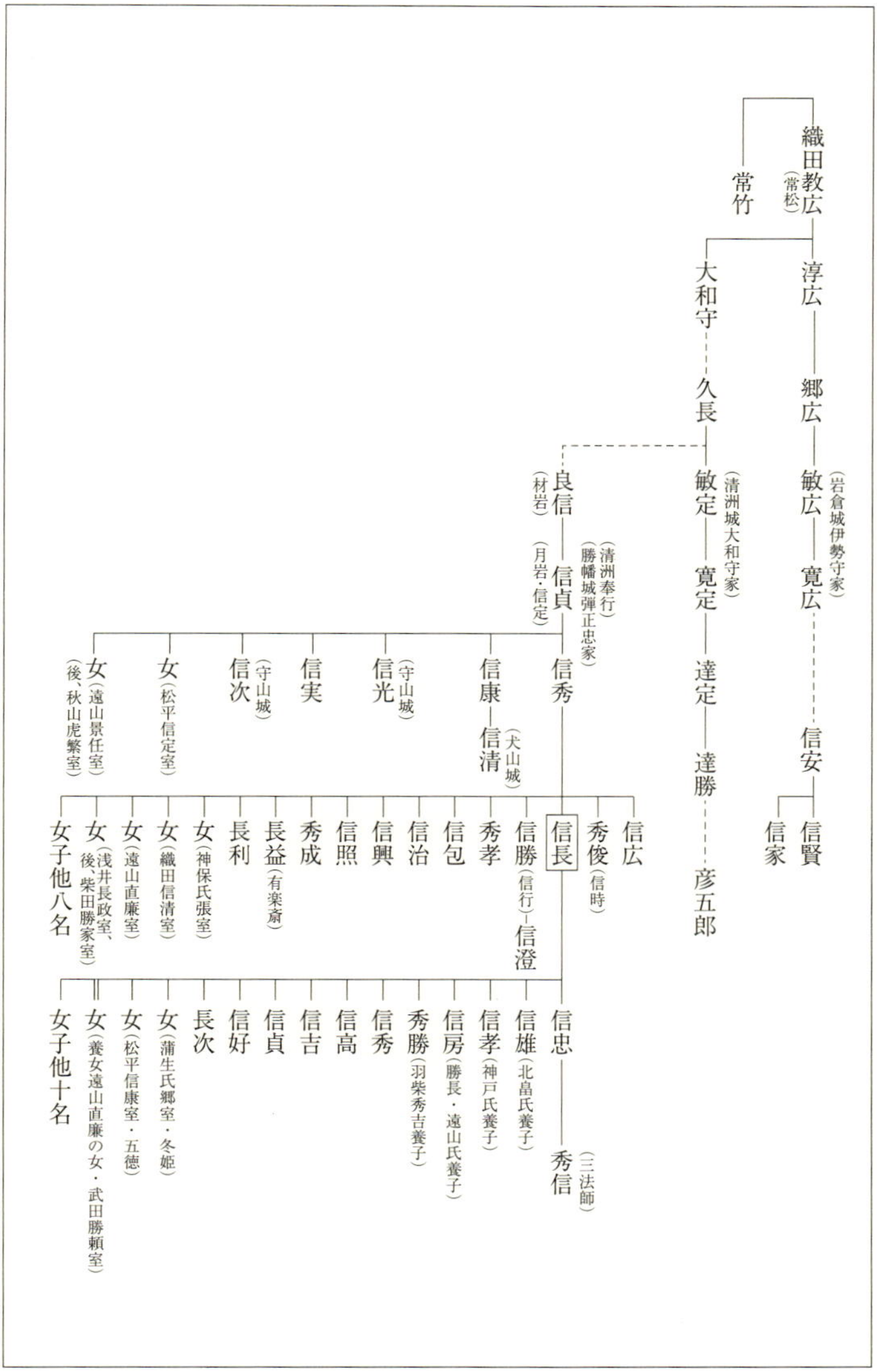

織田教広（常松）
常竹
淳広
郷広
敏広（岩倉城伊勢守家）
寛広
信安
信賢
信家
大和守
久長
敏定（清洲城大和守家）
寛定
達定
達勝
彦五郎
良信（材岩）
信貞（月岩・信定）（清洲奉行）（勝幡城弾正忠家）
信秀
信康
信清（犬山城）
信光（守山城）
信実
信次（守山城）
女（松平信定室）
女（遠山景任室）（後、秋山虎繁室）
信広
秀俊（信時）
信長
信勝（信行）
信澄
秀孝
信包
信治
信興
信照
秀成
長益（有楽斎）
長利
女（神保氏張室）
女（織田信清室）
女（遠山直廉室）
女（浅井長政室、後、柴田勝家室）
女子他八名
信忠
秀信（三法師）
信雄（北畠氏養子）
信孝（神戸氏養子）
信房（勝長・遠山氏養子）
秀勝（羽柴秀吉養子）
信秀
信高
信吉
信貞
信好
長次
女（蒲生氏郷室・冬姫）
女（松平信康室・五徳）
女（養女遠山直廉の女・武田勝頼室）
女子他十名

弾正忠家は強引なやり方で、尾張内に勢力を広げていった。信長の父信秀《のぶひで》の代のことと思われるが、中島郡にある妙興寺《みょうこうじ》の僧が歎いている文書がある。

「妙興寺領花井・朝宮《あさみや》・矢合《やわせ》・鈴置《すずおき》・吉松、この五ヶ処、材岩《さいがん》の時召し置かれ候。一木村は月岩《げつがん》の時召し置かれ候。今の御代に二段三段の処共を拾い集め、召し置かれ候はん由に候。代々かくの如く候いて、妙興寺即時に破滅候はんとて、一衆の歎きこれに過ぐべからず候。（下略）」

「材岩」は信秀の祖父、「月岩」は父であろう。三代して妙興寺の寺領を侵食していったのである。十五世紀後半に守護代として活躍した織田大和守敏定《としさだ》の奉行の一人として、「織田弾正忠良信《すけのぶ》」という者がいる。その官名及び諱《いみな》から推して、この人物が信秀の祖父「材岩」のようである。

その息子と思われる「月岩」が、信長の祖父信貞《のぶさだ》（信定）である。信貞の目は、どちらかというと南方へと注がれる。海東郡の勝幡《しょばた》に居城を築き、その近くにある津島《つしま》を掌握した。津島は、古くからの門前町であると同時に伊勢湾へと開けた港町で、豊かな経済力を蓄えていた。信貞はそこを支配下に置くことに成功したのである。

信長の父にあたる信秀は、信貞の長男として永正八年（一五一一、一説では永正九年）に生まれた。大永六年（一五二六）～七年頃に弾正忠家を継いだものと思われる。

天文二年（一五三三）といえば信長が生まれる前年のことだが、信秀は、京都の公家《くげ》飛鳥井雅綱《あすかいまさつな》を蹴鞠《けまり》の指導のため尾張に招いた。雅綱は友人の山科言継《やましなときつぐ》を誘い、この年七月から八月尾張に滞在する。

その間、言継がずっと日記を付けており、信秀たち尾張の武士たちの様子を今に伝えてくれている。それによると信秀は、守護代の織田大和守達勝《みちかつ》と同等あるいはそれを凌ぐほどの勢力を持っていたと思われる。信秀の館の立派さばかりでなく、その家老にすぎない平手政秀《ひらてまさひで》の財力も言継たちを驚かせるものだったという。そのような弾正忠家のまさに成長期に信長は生まれたのである。

三河松平家

『松平氏由緒書』や『三河物語』では、松平氏の初代は親氏《ちかうじ》という者で、時宗《じしゅう》の僧だったとする。それでいて、親氏の先祖は新田義貞、つまり源氏の流れであるという。明らかにこれは、江戸時代に作り出された虚説である。最近では、時宗の僧というのも疑わしく、職人として諸国を廻っていたのではないか、という説が所理喜夫氏より唱えられている。

松平氏が確かな史料に現れるのは、十五世紀半ばのことである。松平信光《のぶみつ》という者がいくつかの文書に見られる。彼は岩津《いわつ》城を拠点として、額田《ぬかた》郡内に地歩を固めていった。彼は、室町幕府の政所《まんどころ》執事《しつじ》伊勢氏の被官《ひかん》となっており、その力を背景として混乱の中で安城《あんじょう》城・岡崎《おかざき》城を奪取して勢力を伸ばした。

信光には、大勢の子がいたという。そして、その子たちを、安城・岡崎をはじめ西三河の各所に配置した。その中で、親忠《ちかただ》、長忠《ながただ》、信忠《のぶただ》と継がれる安城家が惣領《そうりょう》として一族を束ねる存在になる。親忠・長忠も、大勢の子に恵まれていた。その子たちも同じく三河の各地に散らばる。後に十四松平

（十六あるいは十八松平とも）といわれる松平一族である。しかしその一方、信忠の代には家督をめぐって内訌があったり、岡崎家が台頭して惣領の地位を脅かすなど、松平一族の結束には乱れが生じていた。

信忠の子が清康《きよやす》である。生年は永正八年だから、織田信秀とほぼ同年である。大永三年（一五二三）、わずか十三歳の時に家督を継いだといわれている。

清康は、大久保彦左衛門忠教《おおくぼひこざえもんただたか》がその著書『三河物語』の中で賞賛して止まない人物である。確かにその足跡をたどると、とても若年とは思われないほどの目覚しい活躍ぶりである。まず家督継承の翌年、同族の居城だった岡崎城を奪取して、本拠をそこに移す。そして、東は三河東端まで西は国境を越えて尾張にまで軍を進めている。わずか七年ほどの間に、ほぼ三河全域が清康によって制圧されていったのである。

松平氏の惣領として清康が権威を高めてゆく中で、叔父の一人（信忠の弟）信定《のぶさだ》は、尾張守山《もりやま》にあって清須に居る尾張守護代織田氏に所属した立場だった。清康と信定との主導権争いは次第に昂《こう》じ、ついに天文四年（一五三五）十二月の清康の尾張出陣となる。

ところが十二月五日の明け方、守山の陣中で清康は家臣の阿部弥七郎《あべやしちろう》という者に討たれた。これにより松平軍は総崩れとなっただけでなく、三河統一の実績も一挙に瓦解してしまったのである。この事件を「守山崩れ」と呼んでいる。清康はまだ二十五歳、惜しんでもあまりある死であった。

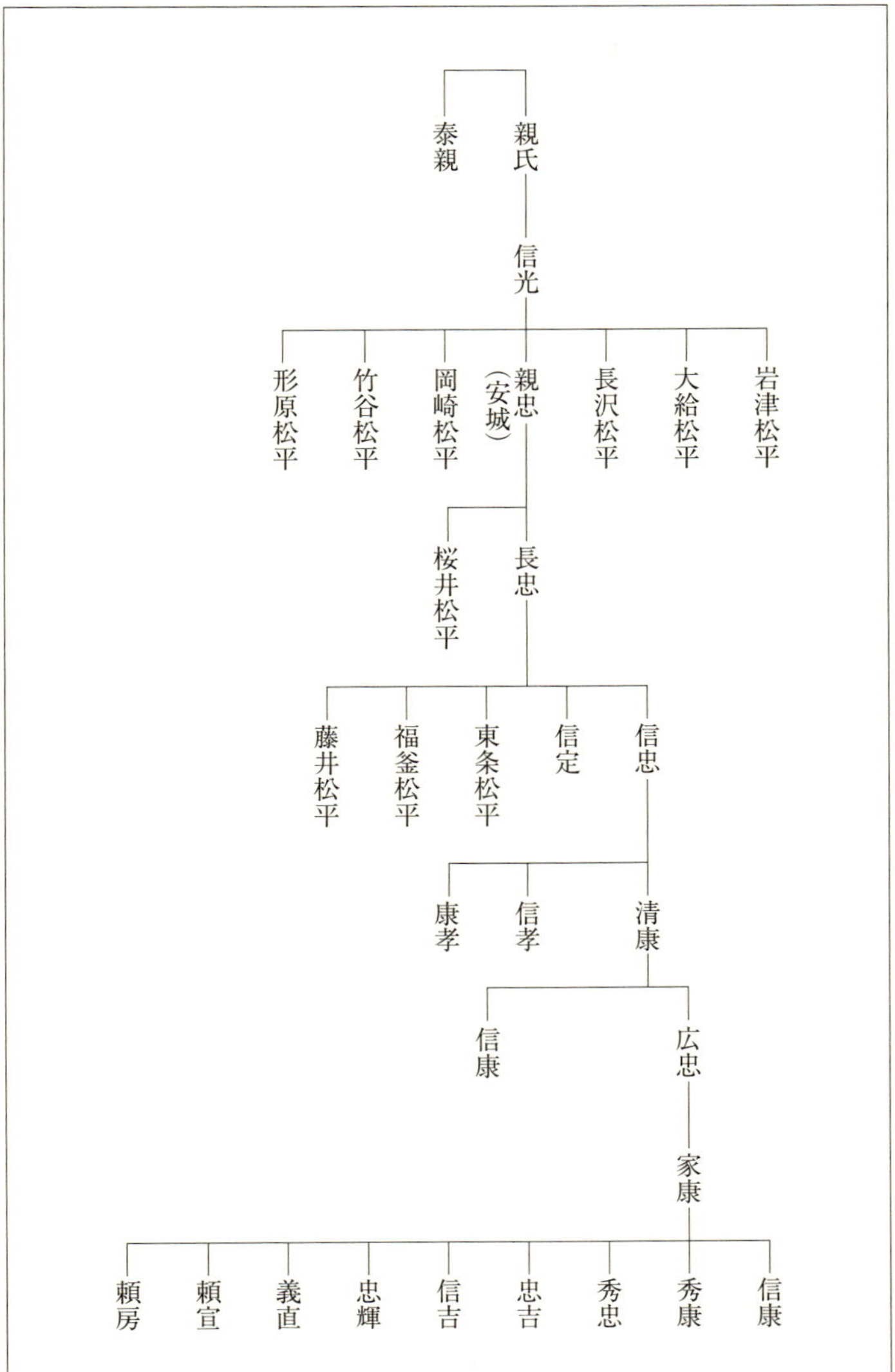

松平・徳川家略系図　平野明夫『三河松平一族』所載系図をもとに作成

守山崩れの時、清康の嫡子《ちゃくし》千松丸《せんまつまる》、後の広忠《ひろただ》は十歳であった。信定の反撃を避けるため、家臣に擁されて伊勢に逃れた。約一年半後の天文六年六月、駿河の今川氏の支援を受けて岡崎に帰還することになる。広忠は元服して松平惣領家の家督を継ぐのだが、以後は今川氏に従属する形となってしまったのである。

二　織田信長の尾張支配

織田信秀の活動

天文七年頃と思われるが、信秀は、謀略によって今川氏豊《うじとよ》から那古野《なごや》城を奪い取った。翌年三月二十日付けで熱田《あつた》の豪族加藤延隆《かとうのぶたか》に諸役《しょやく》等を免除している判物《はんもつ》が見られるから、早くも門前町熱田を掌握したものと思われる（『愛知県史資料編一〇』一三三七号、以下『愛知一〇』と略記）。そしてその後、着々と東尾張の制圧を進めることになる。

天文九年六月、信秀は三河へと軍を出し、安城城を攻め取った。さらに二年後、安城城から軍を出して岡崎城の南の小豆坂《あずきざか》で今川軍と戦い、これを撃ち破った。第一次小豆坂の戦いである。これらの戦捷《せんしょう》により三河の矢作川《やはぎがわ》以西の大部分が織田方になり、尾張における信秀の武名は大きく高まったのである。この頃信秀は、伊勢神宮に外宮《げくう》仮殿の造替費七〇〇貫を寄進し、翌年、朝廷から三河守の任官を受けたという。

信秀はこのように独自に朝廷と結んでいたものの、尾張国内での地位はあくまでも守護代の一家臣にすぎなかった。しかし、他国に向かって遠征する時には、尾張の国人《こくじん》たちを指揮する権限を持っていた様子である。当時の信秀について、『信長公記《しんちょうこうき》』には次のように書かれている。

「去《さ》て備後殿（信秀）は国中憑《たの》み勢をなされ、一ヶ月は美濃国へ御働き、又翌月は三州《さんしゅう》の国へ御出勢」

ここに書かれている通り、信秀の外征は、東方の三河ばかりではなかった。北方の美濃にもしばしば軍を出したのである。

美濃では、長年の守護家の内紛の中で、長井規秀《ながいのりひで》（後の斎藤道三《さいとうどうさん》）という人物が台頭してきたところであった。天文十三年九月二十二日、信秀は、朝倉《あさくら》軍と協力して道三の居城稲葉山《いなばやま》を攻撃する。しかし、道三の作戦にはまり、大勢の家臣が戦死するという惨めな敗戦になってしまった。

この敗戦を契機に、信秀の勢いに陰りが見えはじめる。清須の守護・守護代の支持が得られなくなったようである。

天文十七年三月、今川軍が西三河まで進出、織田軍も安城城から出陣して、再び小豆坂で衝突した。第二次小豆坂の戦いである。この戦いは織田軍の敗戦という結末になった。さらに同年十一月と思われるが、斎藤道三が織田方の美濃大垣城を攻撃してきた。信秀は大垣城後《うしろ》巻《ま》きのため出陣したが、その留守を突いて清須の軍が古渡城《ふるわたり》を攻撃してきた。

清須の守護代家と信秀とは、比較的親密な関係が続いていた。しかし、この頃、守護代の力が衰え、清須城の中で、坂井一族の力が強まったのではなかろうか。坂井一族は、もともと又代《まただい》（守護代の代官）を務めてきた、守護代家の老臣の家柄である。そして、信秀の威信が低下しつつあるのを見て、対抗的姿勢に変化したのではないだろうか。

この争いは、翌年、信秀家老の平手政秀と清須老臣が交渉を重ねた末、なんとか和睦にこぎつける。それから間もなく信秀は、斎藤道三との和睦も進める。天文十八年と思われるが、信秀の嫡男信長と道三の娘とが婚姻することによって、信秀と道三との同盟が成立するのである。

清須との和睦、美濃との同盟とほぼ同じ頃、信秀は、那古野・古渡の東に位置する末森《すえもり》に城を築き、古渡城からそこに移った。末森は古渡に比べ、油断のならない関係にある清須から少し離れており、また、今川との抗争の想定される三河に近づくことになる。この時点では、居城としてこの地がより適当と判断したのだろう。

信秀は若年時、勝幡城と一緒に弾正忠家の家督を継いだ。その後、天文七年頃に那古野城を乗っ取りそこに移ったことは、すでに述べた通りである。さらに古渡城を築いて移ったのだが、その際、那古野城を信長に譲っている。

さて、『信長公記』首巻《しゆかん》に次の文がある。

「那古野の城吉法師《きつぼうし》様（信長）へ御譲り候て、熱田の並《ならび》古渡と云ふ所新城拵《こしらえ》、備後守御居城なり」

この文が冒頭に近いところにあるせいか、信長が那古野城を譲られたのは幼時、時には誕生間もなくのことと解釈されたりしている。しかし、連歌師《れんがし》谷宗牧《たにそうぼく》の紀行である『東国紀行』を見ると、天文十三年十一月の時点で、信秀はまだ那古野を居城にしているのが確かめられる。

『信長公記』首巻によると、信長は十三歳で元服したという。天文十五年ということになる。推測だが、那古野城を譲られたのは、元服と同時なのではあるまいか。

そうだとすると、信秀が古渡城を居城としていたのは、わずか三年間ということになる。織田弾正忠家の家督としての二十数年の間に四つの居城に住んだわけだが、その時のニーズに応じて居城を変えるという姿勢は、息子の信長に引き継がれることになる。

信長の家督相続

信秀の死については、『信長公記』首巻に「終《つい》に三月三日御年《おんとし》四十二と申すに御遷化《ごせんげ》」とある。その命日が三月三日であることは、諸書のほぼ一致するところであり、疑いを挟む余地はない。しかし、肝心の没年が、史料によって三説に分かれるのである。次の通りである。

ア、天文十八年（一五四九）説（小瀬甫庵《おぜほあん》『信長記《しんちょうき》』、続群書類従《ぞくぐんしょるいじゅう》本『織田系図』ほか）

イ、天文二十年説（『張州府志《ちょうしゅうふし》』『尾張志』）

ウ、天文二十一年説（『万松寺《ばんしょうじ》過去帳』『定光寺《じょうこうじ》年代記』）

史料の性質から見て、ウが最も有力と考えられる。また、信長関係の文書を見ても、ウがいろいろな意味で自然なようである。ウの天文二十一年説を採りたい。

信秀の死を天文二十一年三月三日とすると、弾正忠家の家督を継いだ信長は十九歳ということになる。信長が家督を継いだ時、信秀の築き上げた弾正忠家の威勢はすでに下降へと向かっていた。しかも、新家督の信長は若年の上、世間では「大うつけ」の評判がある。もう弾正忠家はもたないだろう――周囲はそのように見たのではなかろうか。そしてその予想通り、間もなく信秀の築いた遺産のかなりの部分がこぼれ落ちていったのである。

まず、鳴海《なるみ》城主の山口教継《やまぐちのりつぐ》が背き、今川軍を尾張へと呼び入れた。次に、和睦していた清須の守護代家が再び敵対の姿勢を明らかにしてきた。岩倉城には織田伊勢守家が隠然たる勢力を保っている。これも決して信長にとって友好的な勢力ではない。

しかも、近親たちすら、新しい当主を積極的にバックアップしようという意識が薄かったようである。叔父の信光、異母兄の信広、同じく異母兄と思われる安房守《あわのかみ》（秀俊カ）、弟の信勝（ふつう信行とされている）、いずれもそれなりの人材である。彼らにしてみれば、こうした弾正忠家の危機にあってわざわざ「大うつけ」を立てることはない、自分が代わってもよい、という心境だったのではなかろうか。

このような逆境の中で信長は、自分に忠実な軍隊を育成していった。『信長公記』首巻の中に、次のような文言がある。

「か様に攻一仁《せめいちにん》に御成り候《そうら》へども、究竟《くっきょう》の度々《たびたび》の覚《おぼえ》の侍衆七、八百甍《いらか》を並べ御座候の間、御合戦に及び一度も不覚これなし」

周りは敵だらけであっても、七、八百騎の勇者が常に傍らに控えていたので、戦いに負けたことがなかったというのである。尾張の国人・土豪層の二男以下を中心に、信長は、常備軍をつくり上げていったのである。信貞・信秀の遺産である津島・熱田の経済力を背景にしてこそ可能な方法であろう。

信長と反対勢力との戦い

初めこそ周囲に「大うつけ」と軽んじられていた信長だったが、ほどなくその戦闘力の高さが知られるようになる。家督を継いだ年の八月、信長は清須の軍と萱津《かやづ》で戦った。清須の家老衆の率いる軍勢を撃ち破ったばかりでなく、その勢いを駆って、清須方に占領されていた松葉《まつば》城・深田《ふかた》城を取り戻したのである。

信長が清須城を占領したのは、その二年後、天文二十三年四月のことである。叔父の信光と組んで謀略を練り、守護代の織田彦五郎《ひこごろう》（大和守）を殺害、実力者の又代坂井大膳《だいぜん》を追放して城を乗っ取った。そして、那古野城は信光に譲り、自分は清須城に移った。支配領域も庄内《しょうない》川で二郡ずつ分けるという約束が信光との間でなされていたようだが、同年十一月、信光が家臣の手によって討たれてしまい、約束は履行されずに終わった。この二年後には、信長の異母兄と思われる安房守が、やはり家臣の謀反《むほん》に遭《あ》って殺される。信光は勇猛をもって聞こえた人物で一族の中でも重きをなしていた。安房守も「利口なる人」と評判される人材だった。彼ら二人の横死の陰には信長の策謀がある、という疑いは隠しきれない。

信光・安房守よりもさらに近い所に、最も手ごわい敵がいた。弟の信勝である。父から末森城を相続し、譜代の重臣の一部柴田勝家・佐久間次右衛門などを付けられていた。弟ながら信長以上に周囲の人望があり、信長の筆頭家老の林秀貞《はやしひでさだ》さえも、信長を離れて信勝に希望を託そうとしたほどである。この信勝方との衝突が、弘治二年（一五五六）八月の稲生《いのう》の戦いである。敵方は、信勝の代将を務める柴田勝家と林秀貞の弟美作守《みまさかのかみ》が指揮する一七〇〇の軍勢。信長軍は、その半分にも満たない七〇〇であった。しかし信長は、馬廻《うままわり》たちの一丸となった組織力によって大勝利を収める。

このようにして勝利を重ねることにより、織田弾正忠家当主としての立場もようやく安定し、一族の強力なリーダーへと成長してゆくのである。信勝は、二年後にまたも信長に逆らった行動を起こすが、その時はもう支持する家臣はほとんどいなかったようである。信長は、信勝を清須城に呼び寄せて殺害してしまう。

岩倉の織田伊勢守家は、形の上では尾張上四郡の支配者である。しかし、十六世紀に入ってからの形跡については全くつかめない。信長の活躍期になってようやく消息が伝わる。それによると、当主の信安《のぶやす》という者が長男の信賢《のぶかた》を差し置いて二男の信家《のぶいえ》を跡取りにしようとしたため争いとなり、結局信安は岩倉城を追い出されてしまったという。

この内紛に乗じて、永禄元年（一五五九）から信長の岩倉城攻めが開始される。同年七月の浮野《うきの》の戦いで岩倉の勢力は大きく殺《そ》がれ、その後、信長軍の包囲を受けることになる。この岩倉城が開城した正確な時期については、永禄二年の春と推測されるが、それ以上のことはわからない。しかし、同年二月二日に信長が上京していることから、一月中に決着がついていたのではないかと思われる。

岩倉との戦いには、従兄弟で犬山《いぬやま》城主の信清《のぶきよ》も協力した。しかし、彼はその後、美濃の斎藤氏に通じて信長に敵対するようになる。信清の支配地は丹羽郡から葉栗郡に広がっている。また、南方に目を転じると、知多郡から三河碧海《あおみ》郡にかけて勢力を張っている水野氏が織田氏と同盟を結んでいるとはいえ、知多郡の大部分の国人の動向はまだ流動的だったといえる。それどころか、愛知郡のかなりの部分は今川方になっている状態である。岩倉城攻略により信長の尾張統一完了、とする文献をよく見かけるけれど、こうした状況に照らしてみると、この段階では尾張統一までまだいくつかのハードルが残っていた、というべきであろう。

水野氏について

知多郡には、緒川《おがわ》・常滑《とこなべ》などに散っている水野氏、大野《おおの》城・内海《うつみ》城などに拠っている佐治《さじ》氏をはじめとして、幡豆崎《はずさき》・河和《こうわ》の戸田《とだ》氏、寺本の花井《はない》氏、木田の荒尾《あらお》氏、坂部の久松《ひさまつ》氏などの国人が各地に割拠していた。彼らは織田・今川両者の中間点にあって、その動向が常に揺れ動いていた。その中にあって水野氏は、信秀の代より織田方として重要な役割を果たしてきた。

水野氏は、知多郡内だけでなく、西三河にも勢力を広げていた。その松平氏との姻戚関係、織田氏との同盟関係を顧みると、織田氏と松平氏との繋がりをテーマにした本論の中では、無視するわけにはいかない存在である。ここで水野氏の来歴について、かいつまんで解説しよう。

水野氏は、十五世紀後半より尾張緒川、三河刈谷《かりや》の辺りを領地化し、その後、知多郡へと勢力を伸ばしてきた。十六世紀には、一族が分流して常滑・大高《おおだか》をも押さえ、三河の松平氏、尾張の織田氏の中間に一つの勢力圏を築き上げたのである。

大永年間（一五二一～二八）、刈谷に水野藤九郎《とうくろう》（和泉守《いずみのかみ》）近守《ちかもり》という領主がいたことは確かめられるが、その頃より始まった松平清康の三河統一の動きの中で、水野氏がどのような役割を果たしたかは不明である。天文初年には、右衛門大夫《うえもんのたいふ》忠政《ただまさ》が緒川・刈谷城の主になっていた様子なのだが、それに至るまでの水野宗家については疑問が多い。ただ、清康が天文四年に横死した後、忠政は、今川方として尾張の織田信秀と対立する姿勢だったことは明らかである。その娘の於大《おだい》は、今川義元《よしもと》が保護の下に置いた松平広忠に嫁した。

ところが、天文十二年（一五四三）七月十二日、忠政は五十一歳で没し、嫡男の信元《のぶもと》が宗家を継ぐ。尾張では織田弾正忠家の信秀がその勢力を伸ばしているさなかであった。彼は東方へ向かって軍を進め、三河安城城を攻略し、前年には小豆坂で今川軍を破っている。そうした情勢の中で、水野氏の世代交代があったのである。

忠政の跡を継いだ信元は、それまでの親今川氏の路線を転換し、織田方に付くことに変えた。これは、織田信秀の三河進出など目覚しい発展振りを見て、そのほうが利が大きいとふんだのだろう。今川氏は東海の大勢力にはちがいないが、何といってもその本拠地は駿河の駿府《すんぷ》城。水野氏の本拠地からはかなりの隔たりがある。信秀の安城城攻略が天文九年、第一次小豆坂の戦いが同十一年だとすると、水野氏の路線の転換は、忠政生前のことだったのかもしれない。

いずれにしても、水野氏の賭けは、裏目に出てしまう。織田信秀の威勢はその後下降してゆくからである。天文十七年、第二次小豆坂の戦いで織田軍は敗れる。翌年には、安城城が今川氏に奪われた。それればかりではない。北方美濃でも大きな失敗があった。同十三年、美濃稲葉山城攻めに失敗して大勢の家臣を討ち死させたのである。

そのような失意が重なる中で信秀は死んだ。天文二十一年三月三日のことである。弾正忠家の跡を継いだ信長が、逆境をものともせず尾張統一への道を歩むのは、前述した通りである。

家督を継いだ後、稲生の戦いまでの四年余りは、信長にとって近親にも気を許せない日々であった。その中にあって水野信元は、信長の味方を通したのである。天文二十三年一月、信元の居城緒川城が今川軍に攻撃された時、信長は暴風雨の中救援に駆け付け、敵の要塞村木砦《むらきとりで》を攻略した。尾張・三河の境界に位置する水野氏を引き付けておこうという戦略だが、信元への義理も信長の意識の中にあったと思う。

三　今川氏のもとの松平竹千代

松平竹千代の誕生と幼時

松平竹千代《たけちよ》、後の徳川家康が生まれたのは、天文十一年（一五四二）十二月二十六日、誕生の場所は岡崎城内であった。父松平広忠は十七歳、母於大《おたい》（後の伝通院《でんずういん》）は十五歳。非常に若い両親である。祖父の清康は一時三河を席巻したほどの傑物だったが、竹千代が生まれる七年前に横死してしまい、松平宗家の勢力は一気に凋落してしまった。そして、その息子の広忠は、岡崎に在城していちおう戦国大名としての形は保ったものの、今川義元の保護のもとになんとか存続を許されているという有様だった。

その上、竹千代誕生の翌年、さらに広忠にとって悲観的な事情が連続して起こる。

まず、叔父の三木《みつぎ》城主松平信孝《のぶたか》との対立である。信孝が宗家広忠を無視して駿府に挨拶に行ったことに端を発したという両者の対立は、ついに信孝の織田方への寝返りを招いてしまった。さらに、七月に於大の父水野忠政が死去すると、跡を継いだ伯父の信元は、それまでの今川方路線を転換し、織田信秀と同盟を結んだ。

この水野氏の路線の転換が、竹千代の運命を大きく変化させた。今川氏を怖れる広忠は、翌十三年に於大を離別して実家に帰した。三歳（満年齢ではまだ一歳）の竹千代は、ここで母親と離されるのである。広忠は翌年、戸田宗光《むねみつ》の娘と再婚、於大もまもなく久松俊勝《としかつ》のもとに再嫁した。

さらに今川義元は、広忠を保護するにあたって竹千代を人質に差し出すことを要求する。天文十六年、六歳の竹千代は岡崎を出発し駿府へ向かった。ところが、戸田宗光が裏切って、竹千代を織田信秀のもとへと送ってしまうのである。以後二年間、竹千代は、尾張熱田の加藤家で生活することになる。この間、少年時代の信長と会ったといわれるが、伝説以上のものではない。ただ、信長がすでに十四歳～十六歳の少年、熱田加藤氏と織田信秀との交流を考えると、顔を合わせる機会は何度もあったはずである。

天文十八年十一月、長らく織田方に占領されていた安城城が今川軍の手に落ちた。城将の織田信広（信長の異母兄）は捕虜となり、竹千代との交換交渉が成立する。こうして竹千代は、尾張から駿府へと移されることになるのである。

この間に竹千代にとってたいへんな悲劇があった。父広忠の死である。同じ年の三月六日、広忠は岡崎城内で近臣によって斬殺されたのである。二代続けて家臣の手にかかっての横死。しかも、父清康よりさらに若い二十四歳であった。

今川氏のもとでの生活

身柄を駿府へと移された竹千代は、その後、十年余りもその地で過ごすことになる。今川氏の下から実質上開放されるのは、永禄三年（一五六〇）の桶狭間《おけはざま》の戦いの後のことである。この十年余りの苦労談については、『三河物語』に綿々と綴《つづ》られている。部分的に要約して紹介しよう。

「竹千代様は駿府に七歳（八歳）から十九歳まで住んでおられたが、その気遣いといったら言葉に表すこともできないほどだった。例えば鷹を飛ばす時でさえも、いちいち周りに気遣いをなされた」

「今川殿（義元）からは扶持《ふち》を宛《あ》てがわれるだけで、三河からの税収などはすべて今川殿が横領してしまった。竹千代様に仕えていた譜代の家臣たちは、十年以上も扶持さえもらえなかった。譜代の者たちが餓死しそうなので、せめて山中の二千石だけでもいただきたいと頼んでも、それさえ渡してくれなかった。仕方ないので譜代衆は、百姓と同じように鎌や鍬《くわ》を取って働いて、我が身と妻子を養った。駿河衆（今川直臣《じきしん》）と見れば、這《は》いつくばい、身をすくめて礼を尽くした。もし何か粗相をして、竹千代様にたいへんなことが起きてはと、十年余りも気遣いをし続けた」

「今川殿も、竹千代様の譜代の者を殺し尽くしたならば、竹千代様を岡崎に戻す必要がなくなると思ったのか、あちこちの戦いで譜代衆に先駆けをさせて、大勢の者を殺した」

少年時代の松平竹千代は、駿府に在住して本当に大久保彦左衛門が縷々《るる》と述べるような苦労をしていたのだろうか。そして譜代の家臣たちは、このような悲惨な生活を強いられていたのだろうか。

竹千代は十四歳の時に元服して、「松平次郎三郎元信《じろうさぶろうもとのぶ》」を名乗る。「元」は言うまでもなく今川義元の偏諱《へんき》である。義元が直々に烏帽子親《えぼしおや》の役割を果たしてくれた。しばらく「元信」の時期があり、永禄の初年には「元康《もとやす》」になっている。崇拝する祖父清康の一字を採って改名したということだろう。

元服の翌々年、十六歳で関口義広《せきぐちよしひろ》の娘を娶《めと》る。義広の妻は義元の姉妹だから、姪《めい》にあたる。後の「築山殿《つきやまどの》」である。つまり竹千代（家康）は、一族の娘を嫁に与えるほど義元に大切にされたというべきである。

家康の初見文書は、弘治二年（一五五六）六月二十四日付けの、岡崎大仙寺《だいせんじ》宛て禁制《きんぜい》である。以後、次の通りの発給文書が見られる（それぞれの末尾に付した数字は、『愛知一〇』の番号である）。

①弘治三年五月三日、高隆寺に寺領を安堵する（二〇五五、署名は松平次郎三郎元信）。
②弘治三年十一月十一日、石川忠成《いしかわただなり》ら七人の老臣、広忠及び元信の寄進に基づき、浄妙寺《じょうみょうじ》の不入《ふにゅう》の権利を承認する（二〇七三）。
③永禄元年七月十七日、大竹善左衛門《おおたけぜんざえもん》に諸役を免除する（二一〇七、署名は元康、ただし、『愛知一〇』によれば、この文書は検討の余地があるという）。
④永禄二年五月十六日、松平家中の掟《おきて》、七カ条を定める（二一四五、署名は松次元康）。
⑤永禄二年十一月二十八日、三河大浜郷《おおはまごう》の寺社に所領を寄進する（二一六一、署名は蔵人佐《くろうどのすけ》元康）。

これらの発給文書から考えると、家康の地域支配権は、岡崎を中心に額田郡・碧海郡に及んでいたことが推測される。彦左衛門がなじっているように義元がすべて横領してしまったなどという非難は、とんでもない誤解なのである。

義元は、家康を今川一門に準じる立場として、その祖父清康が居城としていた岡崎に封じるつもりだったのではないだろうか。今川氏のもとという制約の中ではあるけれど、少年家康は順調に成長していると思われるのである。

第二章　桶狭間の戦い

一　今川氏と織田氏の戦い

三河をめぐる両氏の争い

天文年間（一五三二〜五五）の中期は、織田信秀と今川義元との戦いが、三河を舞台にして繰り広げられた。その戦いの一方の雄である今川義元とは、どんな人物なのだろうか。

信秀が守護の陪臣《ばいしん》にすぎない家柄であるのに対し、義元のほうはれっきとした守護の家柄である。しかも、駿河・遠江二カ国の守護を兼ねた名門である。守護たちが実力を失ってゆく中、見事に戦国大名へと転換を遂げたのが今川氏なのである。しかも義元は、さらに西に位置する三河の支配をも画策した。戦国大名としては当然の思惑といえよう。

三河では、松平清康が一時は国中を統一しようという勢いを見せたが、天文四年（一五三五）十二月に横死してしまう（守山崩れ）。そしてそれ以後、松平一族は統制を欠き、宗家は今川氏を頼っている状態だったことは、すでに述べた通りである。

ところが、西方からは織田信秀が三河に侵略してくる。松平一族の一部を味方にし、天文九年、安城城を攻略した。これによって、矢作川《やはぎがわ》以西の大部分が織田方になるのである。

織田信秀の三河への攻勢はさらに続く。同十一年八月、今川軍の三河進撃に応じた信秀は安城城より軍を出し、岡崎城の南方の小豆坂で戦った。この戦いでは、信秀の弟信康・信光・信実をはじめとして織田軍が敢闘し、敵の大将庵原《いはら》を討ち取って、見事に今川軍を追い返したという。

しかし、信秀の勢いもこのあたりが頂点だった。翌々年の美濃稲葉山城攻めにおける惨敗などもあって、尾張内でもその権威は下降ぎみになってきた様子である。そして、同十七年三月、今川軍の三河進出に対抗して、織田軍も安城城から出陣、再び小豆坂で衝突したが、結局織田軍は退却を余儀なくされ、今川軍の優勢勝ちに終わった。

三河をめぐる今川義元と織田信秀との争いは、軍事上では今川軍優勢ということで終了した。それに加えて義元は、松平氏の宗家の跡取りである竹千代（後の家康）をも擁することになる。

小豆坂の戦い一度説について

前述した通り、小豆坂の戦いは二度行われた。一度目は天文十一年八月、二度目は同十七年三月とされている。

小豆坂の戦いについては、『信長公記』のほかに『三河物語』『松平記』、その他いろいろな史料に記されている。ところが、二度の戦いを載せているものは皆無なのである。さらに、後述することになるが、天文十一年に織田の勢力が三河まで進出するのは困難ではないか、という見解もある。そうしたことから、「小豆坂の戦いは一度だけである」という説が出てくるのである。ここでは、小豆坂の戦いは果たして二度あったのか、ということについて検討してみよう。

天文十七年の戦いについては、戦後の今川義元の感状など確かな史料がいくつも残っているから、実際にあったことは間違いない。それに対して、天文十一年の戦いに関しては、明らかな裏付け史料がない。すなわち、小豆坂の戦い一度説というのは、「天文十一年の戦いはなかった」という説なのである。

しかし、単純に、天文十一年の戦いは天文十七年の戦いと混同したものとして、消し去ってもよいのだろうか。消し去るには、躊躇することがいくつかあるのである。

その第一としては、戦いの様子がかなり違うことである。天文十一年のほうは、『信長公記』に「八月上旬」とされている。戦いの始まりについては、今川軍がまず庄田原《しょうだわら》に着陣し、先鋒の由原《ゆはら》（庵原）が小豆坂まで兵を出した、と書かれている。それに対して天文十七年の戦いは、三月十九日のことであり、これについては今川義元の感状によって明らかである。『三河物語』によると、今川軍の大将は太原崇孚《たいげんそうふ》（雪斎《せっさい》）、上和田《かみわだ》砦攻撃に向かう途中、織田軍と出くわしたとある。

『信長公記』の編者太田《おおた》牛一《ぎゅういち》は、天文十一年には十六歳、同十七年には二十二歳である。すでに青年期を迎えているけれど、おそらくまだ織田家に仕えてはいない。しかも、『信長公記』がまとめられるのは、それから五十年ほどもたってからである。とはいえ、『信長公記』に書かれていることを全面的に無視するのは躊躇せざるをえない。それはまず、牛一が日頃から付けていたメモを基にして記述したと思われること、次に、織田家に仕える以前のことでメモを付けなかったにしろ、彼はもう青年期に達していたことである。戦いのあった年はともかく、季節を大幅に間違うことは考えられない。三月と八月ではあまりにも違いすぎるからである。

第二としてあげたいのは、『信長公記』に載せられた織田方の交名《きょうみょう》に、信秀の弟として「与二郎殿」があることである。与二郎すなわち信康は、天文十三年九月の美濃稲葉山城攻めの時に討ち死にしているのである。小豆坂の戦いが天文十七年の一度だけだとしたら、戦いに加わることができるはずがない。

すべて『信長公記』の誤りとして片付けることができるなら、小豆坂の戦いは天文十七年三月の合戦一度だけという説は成立するだろう。しかし、その説を成立させるには、以上のようなネックを克服せねばならないのである。現在の時点では、小豆坂の戦いは二度あった、と結論しておこう。

安城城落城の時期

小豆坂の戦いと関連するのが安城城が織田方になった時期である。信秀が安城城から兵を出して東へ進み、小豆坂で今川軍と衝突したのが小豆坂の戦いだから、天文十一年にその戦いがあったとする以上、それ以前に信秀による安城城攻略がなされていなければならない。ところが、信秀の安城城攻略を裏付ける良質の史料が乏しいのである。『大樹寺過去帳写《だいじゅじ》』という史料に、「天文九年六月六日」の命日で松平長家《ながいえ》（安城城主）以下九人の名が連なっているにすぎない。そもそも過去帳という史料自体玉石混淆である。いわんやその写しということだから、全面的に信頼するわけにはゆかない。それに、横山住雄氏・下村信博氏の考察によると、信秀が那古野城を乗っ取ったのは天文七年頃のことだという（横山一九九三年、『新修名古屋市史』第三巻）。わずか二年で那古野から一気に三河まで進出したのも、早すぎるように思われる。

近年、平野明夫氏が、安城城落城は天文十六年のことである、という説を出した（平野二〇〇二年）。平野氏はそこから小豆坂の戦い一度説へと敷衍してゆくわけだが、その有力な根拠として掲示しているのは、次の文書である。

①天文十七年三月十一日付け、織田弾正忠《だんじょうのちゅう》（信秀）宛て（北条）氏康書状（『愛知一〇』一六五七）

②（天文）十七年三月十一日付け、織田弾正忠（信秀）宛て（北条）氏康書状（『愛知一〇』一六五八）

①の冒頭に「貴札拝見《きさつ》」とあるから、これらが信秀からの書信に応えたものということがわかる。注目されるのは、②の中に「去年彼の国に向い、軍を起こされ、安城者（之カ）要害則時に破られるの由に候」とあることである。「去年」安城城を落としたと書かれているのである。

横山氏は、「去年」という語が前年を表わすとは限らない、「去んぬる年」と解釈できる、という説だが、ここはやはり素直に前年ととらえるべきであろう。ただ、『愛知一〇』では、これら二通の文書を「検討の余地がある」としている。天文十七年の時点で尾張の織田弾正忠家と関東の北条氏と交流があった、とするのはかなり困難ではなかろうか。文書が写しであることを考えると、この文書自体の信憑性から問い直す必要がありそうである。断定するのは難しいが、とりあえず天文九年落城説を取り入れておきたい。

二　桶狭間の戦い

今川軍の尾張進撃

信長が家督を継いだわずか一カ月後、鳴海城城主の山口教継《のりつぐ》が今川氏に通じた。そして、近くにある沓掛《くつかけ》城・大高《おおだか》城を乗っ取って、今川の将を招き入れてしまう。信長はすぐに軍を率いて攻撃したけれど、城を回復することはできず、鳴海城に丹下《たんげ》・善照寺《ぜんしょうじ》・中島《なかしま》の三砦、大高城に鷲津《わしづ》・丸根《まるね》の二砦を付城《つけじろ》として築くにとどまった。つまり、知多半島北部は、織田・今川両勢力の競合地帯だったのである。永禄二年春の岩倉城を攻略したとはいっても、信長にとって尾張の完全統一にはまだまだいくつかのハードルがあった。その一つが今川の勢力だったのである。一方、弘治年間（一五五五～五八）から永禄初年にかけての今川義元は、いよいよ三河全域の支配を固めただけでなく尾張の一部にも支配を伸ばし、さらに西方をもうかがうという形勢だったのである。

永禄三年（一五六〇）五月、今川義元は駿府城を出陣、尾張に進撃した。『信長公記』の記述によれば、その軍勢は四万五千というが、それは無理な数字であろう。信憑性の高い史料である『定光寺年代記』には、「駿州軍勢二万人」とある。兵力の数値などというのは、史料の信憑度に関係なくあまり信じられるものではない。当時の状況から推して、二万からせいぜい二万五千といったところが妥当であろうか。五月十八日に沓掛城に入城し、従軍する諸将に指令を出した。先鋒《せんぽう》の松平元康（後の徳川家康）はこの夜に大高城に兵糧を搬入すること、元康と朝比奈泰朝《あさひなやすとも》はその後ただちに鷲津砦・丸根砦を攻撃すること、という指令である。

鷲津砦には織田玄蕃允《げんばのじょう》（秀敏《ひでとし》）および飯尾定宗《いいのおさだむね》父子、丸根砦には佐久間大学頭《だいがくのかみ》（盛重《もりしげ》）が置かれていた。玄蕃允は信長の大叔父、飯尾定宗も織田一族の者である。また、佐久間大学頭は、愛知郡内に勢力を広げた佐久間一族の惣領である。いずれも織田家内では重臣であった。今川軍の進撃の報を受けて、両砦からはすぐに伝令が清須城に飛ばされた。

今川義元西上の意図について

この時点で、なぜ義元が大軍を率いて尾張に出陣したのか。これは、桶狭間の戦いに関する論点の一つである。論者によって様々な説に分かれるけれど、まずは義元が上洛を意図していたのかどうか、というのが第一のポイントである。

桶狭間の戦いについて最も信頼できる史料といえば、何といっても『信長公記』だが、これには義元の尾張侵攻の目的についての記述はない。信憑性ではそれよりもずっと落ちるけれど、江戸時代初頭に書かれた『松平記』と小瀬《おぜ》甫庵の『信長記』（以下『甫庵信長記』と表示）の関係箇所を引用してみよう。

「急ぎ尾州《びしゅう》へ馬を出し、織田信長を誅伐《ちゅうばつ》し都へ切て上らんとて、永禄三年五月愛智郡へ発向す」（『松平記』）

「爰《ここ》に今川義元は天下へ切て上り、国家の邪路を正《ただ》さんとて、数万騎を率し駿河国を打立しより、遠江・三河をも程なく切したがへ」（『甫庵信長記』）

この二史料のほかにも、義元の上洛の意図を示す表現のある史料が多い。ずっと長い間それらの史料に従い、義元の尾張侵攻は上洛の途中の作戦の一環というのが通説となっていた。しかし、この通説に対して、三〇年余り前、久保田昌希氏より異論が出された。義元の出陣は、三河一国の完全支配と尾張への領国拡大のための軍事行動にすぎなかったというのである（久保田一九七八年）。その後、上洛説は急速に消え去ってゆく。

だが、義元の尾張侵攻の目的については、研究家によって見解が幾分か異なるのが現状である。小和田哲男氏・有光友學氏は尾張の制圧とするという考えなのに対し、藤本正行氏は単なる鳴海・大高城の後詰《ごづ》めという説を展開している（小和田二〇〇四年、有光二〇〇八年、藤本二〇〇三年）。この一二年後の武田信玄の西上《せいじょう》についても言えることだが、軍事行動の真の目的を探ることはかなり困難なことなのである。

五月十九日の戦い

今川軍尾張侵攻、鷲津・丸根砦へ進撃という報を受けて、五月十八日夜、清須城には織田の老臣たちが馳《は》せ付けた。だが信長は、彼らを前にしながらまったくいくさの話はせず、さっさと寝所に入ってしまったという。

はっきり言って、この時点では、信長には防衛策などなかったのだろう。鷲津・丸根砦の救援に乗り出したとて、敵の本隊が到着したのなら挟み撃ちにあってしまうだけである。劣勢で遭遇戦に臨む場合、敵の大軍が分散した時をねらって、いちかばちか敵の本隊に向かって攻撃するしか手はない。敵の隙を突いて攻撃するチャンスを待つしか方策がなかったのであろう。必ずしも結果からそう言っているわけではない。前後の彼の行動から、そのように考えていたと思われるのである。

夜明け方、鷲津・丸根砦から敵軍の攻撃が始まったとの注進があった。ここで信長は、突如立ち上がる。「人間《じんかん》五十年――」、ひとわたり『敦盛《あつもり》』の曲を舞うと、すぐに馬を駆って清須城を飛び出した。五人の小姓《こしよう》だけがあわててその後を追った。

信長が熱田に到着するより早い辰刻《たつのこく》（午前八時頃）、鷲津・丸根両砦は落ち、守将の織田玄蕃允も佐久間大学も討ち死にしてしまった。このあたりは信長の想定内だったのかどうかわからない。

信長は熱田から丹下砦を経て善照寺砦まで到着。ここで兵が集まるのを待った。ようやく二千ほどの兵が集まり、臨戦態勢が整った。

一方、この日早朝に沓掛城を出発した義元は、正午頃に「桶狭間山」と呼ばれる小高い丘陵に本陣を置いた。そして、その前衛部隊は本陣と分かれてそのまま西へと進み、中島砦のほうへ向かった。

その前衛部隊が中島砦に近付いた時、織田軍の急襲を受けた。佐々《さっさ》隼人正《はやとのしょう》と千秋《せんしゅう》季忠《すえただ》の率いる三百ほどの軍である。だが、前衛部隊とはいえ今川軍は五、六千ほどはあったと思われる。佐々・千秋の軍はたちまちに呑み込まれ、隼人正も季忠も討ち死にしてしまった。

この佐々・千秋の行動については、いろいろな解釈がある。むかしから言われていたのは、信長の陽動作戦だったということである。しかし、それは、信長の勝利という結果に無理に結び付けたものである。二人の行動はその後の織田軍の動きとまったく連動していない。藤本正行氏は、単に抜け駆けとしている。だが『信長公記』によると、信長が善照寺砦に入るのを見て二人が行動を起こしたということだから、信長が本隊を率いて後に続くことを期待したのではなかろうか。単に抜け駆けとするならば、あまりに無茶な行動、まるで自殺行為である。

いずれにしても信長はこの時善照寺砦を動かず、隼人正・季忠を見殺しにした。思えば、鷲津砦の織田玄蕃允、丸根砦の佐久間大学頭も結果的には見殺しにされている。信長は、局地的な作戦にはこだわらず、したがって犠牲も顧みなかったといえる。

この後、善照寺砦から中島砦に移動した。この時の信長の動きは、今川軍の少なくとも前衛部隊からは丸見えだった。信長には、自分の動きを敵の目から隠すつもりなどまったくなかったのである。中島砦に移った信長はすぐに出撃を命じた。総軍はわずか二千ほど。しかし、その二千のほとんどが戦闘要員、しかも鍛え抜かれた親衛隊が揃っていたのである。

今川軍前衛部隊に襲いかかった信長親衛隊たちは、一気に敵を追い返した。今川軍はなすところなく山際まで後退した。五、六千とはいっても、その大部分は非戦闘要員、専業の武士は一千もいなかったと思う。

桶狭間山の本陣にいた義元は、当然前衛部隊の苦戦を知ったであろう。『信長公記』に書かれていないが、義元はこの時、前衛部隊と合流するために山を下って桶狭間の低地に移ったのではなかろうか。

信長が敵の前衛部隊を山際に追い込んだ時、突然天候が急変した。石や氷を投げ打つような雨が、強い風に煽られながら落下してきた。そして、敵兵たちの顔をたたき付けた。沓掛の峠の巨大な楠木が、この風雨のために東に向かって倒れたという。

この風雨に乗じ、信長は東へ向かって突き進んだ。今川軍の前衛部隊はちりぢりになり、その後ろに付いた本隊までも信長軍に崩されかけた。

「旗本《はたもと》はこれなり、これへ懸《か》かれ」

信長は自ら槍を持って大声で叱咤《しった》し、義元の首一つを目指して親衛隊とともに突進した。義元の乗った塗輿《ぬりこし》を守る旗本たちは、退却するうちに次第に数を減らし、ついに五十人ほどになった。
馬廻の一人服部一忠《はっとりかずただ》が槍を持って義元に肉薄する。同じく毛利良勝《もうりよしかつ》が後ろから義元に組み付き首級《しゅきゅう》を挙げた。未刻《ひつじのこく》（午後二時頃）のことであった。大将を討たれた今川軍は、朝には威風堂々と進軍してきた道をバラバラになって敗走していった。

信長軍の攻撃に関する諸説

桶狭間の戦いといえば、むかしから奇襲戦の代表例としてあげられていた。つまり、大軍を擁する今川義元が低地の桶狭間で休憩している隙に、密かに迂回してそれを見下ろす太子ヶ根《たいしがね》という高地に回った信長が、そこからやにわに攻め下って今川本陣を突いた、という展開である。百年以上も前に陸軍参謀本部が編集した『日本戦史』が定着させた説で、少数の兵で大軍を撃ち破る作戦の一つという訓《おし》えを含む戦いとされていた。

迂回しながら密かに敵に接近する、という筋書きはドラマチックであり、また、高地から一気に攻め下る信長の勇姿は、一の谷の源義経を連想させ、歴史ファンの血を躍らせる。

そのせいもあってか、この「迂回奇襲説」は、八十年もの間ほとんど疑われることがなかったのである。

ところが一九八二年、藤本正行氏が迂回も奇襲も否定、信長軍は真正面から堂々と今川軍に戦いを挑んで撃ち勝ったのである、という「正面攻撃説」を唱えた。たしかに、この戦いに関して最も信頼できる史料、と言うよりも唯一信頼できる史料と言ってよい『信長公記』には、迂回したという記事などない。迂回奇襲が初めて出てくるのは、『甫庵信長記』である。しかも、この『甫庵信長記』にすら、「太子ヶ根」などという地名は書かれていない。だんだんと尾鰭《おひれ》が付いてきたわけである。長年のうちに捏造部分が加わって小説化されてゆく典型例といえよう。桶狭間の戦いに関しては、戦いの展開を記録した一次史料など存在しないのだから、太田牛一の書いた記事に従うしか方法はないのである。

不思議なことに藤本氏の正論が広く浸透するまで年月がかかったが、最近になってようやく「迂回奇襲説」は片隅に追いやられるようになった。しかし、藤本氏の説がそのまま取り入れられているわけではない。細かいところで異論が唱えられているのが現状といえる。異論の代表としてあげられるのは、小和田哲男氏の「正面奇襲説」であろう。信長軍は風雨にまぎれて今川軍の本陣のある桶狭間山の麓まで隠密行動をとった、というのである（小和田二〇〇〇年）。しかし、『信長公記』の記事を素直に解釈する限り、その説は無理なようである。

なぜ少勢の織田軍が多勢の今川軍を正面攻撃で破ることができたのか、新しい疑問が生じており、それに関していろいろな解答が考えられている。その一つが最近黒田日出男氏によって唱えられた説である。

黒田説は、『甲陽軍鑑《こうようぐんかん》』の中にある記事を根拠としたものである。つまり、前哨戦で勝利を収めた今川軍が油断して、兵たちに「乱取《らんどり》」を許してしまったところ、今川の兵にまぎれて本陣に近付いた信長の旗本の攻撃を受けた、というのである。「乱取状態急襲説」と論者自身が名付けている（黒田二〇〇六年）。

『甲陽軍鑑』の史料価値については、近年見直されつつある。とはいえ、信長関係の記事などを見ると、そのまま典拠とするには躊躇するものが目に付く。尾張で起こった戦いに関して、この本がどれほど確かな事実を伝えているだろうか。大いに疑問とせざるをえない。

だが、これらの研究事跡を辿ると、桶狭間の戦いについての軍事面からの研究は、新しい段階に進んだといえるだろう。

三　松平元康の自立

桶狭間の戦いの時の元康

桶狭間の戦いの時、元康は今川軍の先鋒軍を率いて、大高城に兵糧を搬入するという大役を果した。藤本氏の説の通り、この時の今川軍の尾張出張が単に鳴海・大高城の後詰めだとしたら、この元康の兵糧搬入の仕事は、作戦の大部分を占めるほどの大手柄である。このような大仕事をまだ十九歳の元康に任せたということは、義元の元康に対する期待が大きかったというべきだろう。

しかも元康は、朝比奈泰朝とともに、大高城の付城である鷲津・丸根の二砦を攻撃する役割をも果たす。五月十九日払暁《ふつぎょう》、二砦は落ちた。その後元康は、これまで守将を務めてきた鵜殿長持《うどのながもち》に替わって大高城に入った。

十九日にあった主力戦には元康は参加しなかった。大高城の守備に付いていたのである。だから、五キロメートルほど東方で総大将の今川義元が討ち死にを遂げたことも、夕方まで知らなかったのである。

元康に義元討ち死にの情報を届けたのは水野信元であった。敵方とはいえ、元康の母方の伯父である。浅井道忠《あさいみちただ》という者を使者として遣わし、織田方が攻めてくる前に城から立ち退くよう勧めたという。道忠は元康隊の案内役を務めた功により、五月二十二日付けで元康より所領給与を約束されている。

『松平記』によれば、三河岡崎城には、本丸に今川氏の直臣、二の丸に松平氏の家臣が留守居として置かれていたという。義元戦死、今川軍退去の報に、本丸にいた今川の直臣は駿河へと引き上げた。五月二十三日、元康は岡崎城に入城した。岡崎城から駿府へと送られてから実に十年半ぶりの帰還であった。以後、元康の岡崎城を拠点とした活動が展開される。

元康の西三河制圧

桶狭間の戦いから半月もたたない永禄三年六月三日、松平元康は、三河碧海《あおみ》郡中島村にある崇福寺《そうふくじ》に五カ条から成る禁制《きんぜい》を下している（『愛知一二』一三）。続いて同年七月九日、額田《ぬかた》郡にある御祈願所法蔵寺《ほうぞうじ》に五カ条の定書《さだめがき》を与えた（『愛知一二』二一）。このような活動から、平野明夫氏は、元康が桶狭間の戦い直後より今川氏から離れて信長と協定を結んだ、との見解を唱えた（平野一九九五年）。しかし、その後、柴裕之氏は、元康が今川氏と対立状態になったのは永禄四年四月からである、と反論している（柴二〇〇五年）。

永禄三年のうちに元康が今川氏を離反していたとする平野氏の論拠は、五月朔日《ついたち》付けの水野下野守《しもつけのかみ》（信元）宛て（北条）氏康書状である（『愛知一二』一一二）。平野氏は、この書状を永禄四年のものと考え、その文中に「三州において弓矢所詮なく候、去年来候筋目、駿・三和談念願」とあるため、前年以来元康は今川氏と戦争状態になっていた、と解釈したのである。それに対して柴氏は、この書状は永禄五年一月二十日に将軍足利義輝《よしてる》が諸国の大名宛てに紛争調停のために出した御内書《ごないしょ》を受けたものである、したがって、永禄五年に比定するべきである、という見解である。

その後本多隆成氏は、今川氏真《うじざね》の発給文書を整理することにより、三河における戦争が永禄四年四月以降に本格化していることを証明し、柴氏の説を支持している（本多二〇一〇年）。筆者としては、柴氏・本多氏の説のほうが無理なく受け入れられる。筆者の見解を披露すると、次の通りである。

桶狭間の戦いの後、鳴海城将だった岡部元信《おかべもとのぶ》は信長と交渉して、義元の首級を貰い受けてから城を出た。帰国の途中、織田方の刈谷城を襲って水野信近《のぶちか》を討ち取り、その後駿河に戻った。当然ながら、今川氏の将の中にも、気骨ある者は大勢いたのである。それなのに、元康が入城した岡崎城をはじめ、知立《ちりゅう》城・重原《しげはら》城など西三河の城々から今川軍は退去していた。まさか織田軍の追撃を恐れて早々と逃げ出したわけはあるまい。

これは、元康の岡崎入城と西三河制圧が、今川氏真の公認、そこまでゆかなくとも暗黙の了解のもとに行われたことを意味しないだろうか。永禄三年から四年にかけては、元康の決意はともかくとして、今川氏真の意識の上では、元康はまだ今川氏の「配下」だったはずである。それは、この後元康と戦争状態になった時、さかんに「松平蔵人逆心」と三河の国人たちに触れていることからもわかる。

今川氏真の承知の上とはいえ、永禄三年のうちに元康による西三河制圧は進んだ、ということは認めてよい。碧海郡・額田郡の寺に制札を下していることは前述したが、逆に今川氏真が発給した文書は、この時点でまったく見られなくなっている。今川氏からの自立へ向かう動きととらえてよいが、信長との領土協定、今川氏との戦争はまだなかったと考えるべきであろう。

第三章　同盟の成立

一　元康の今川氏との断交

水野氏との戦い

桶狭間の戦いの後、松平元康が西三河制圧の動きを始めたことは、前章の最後に述べた。しかし、まだ今川方の元康にとって、その動きの最初の時点では、敵というのは織田方である。そして、当面の敵は水野氏。尾張知多郡、三河との国境近くの緒川城を本拠とする水野信元が最初の敵であった。

水野信元は、元康の母方の伯父である。その関係から、今川義元の戦死をいち早く大高城に報せ、元康の危機を救っている。しかし、本来敵同士なのだから、紛争が一段落してしまえば、元に戻らざるをえない。

桶狭間の戦いの後、信元は、三河碧海郡の刈谷城も持ち城にしていた。刈谷城は本来一族の信近の居城であった。ところが、戦いが終わって、鳴海城将だった岡部元信が駿河に引き上げる時、刈谷城を攻めて信近を討ち取ってしまった。岡部はすぐに引き上げたため城は捨て城となり、信元が接収することになった。つまり、桶狭間の戦いを経て、水野信元はいっそう大勢力になったわけである。

そうした水野信元に対し、元康は果敢に戦いを挑んだ。元康のほうから刈谷城・緒川城を攻め、緒川の近くの石ヶ瀬《いしがせ》で戦った。八月朔日付けの筧平十郎《かけいへいじゅうろう》宛て元康感状があるから、岡崎入城から二カ月ほどで早くも水野氏攻撃を開始しているのがわかる。いわゆる徳川氏創業史（徳川氏祖先や家康の若年時よりの履歴を記した本の総称）の中でも比較的信頼できる『創業記考異』に「永禄四年（一五六一）、水野の兵ト、又石瀬ニテ御戦《おいくさ》」、同じく『松平記』に「同（永禄）三年より四年の間、苅屋（刈谷）衆と岡崎衆せり合度々《あいたびたび》也」とあるから、半年ほども元康は、伯父水野信元との戦いを続けたものと思われる。

『三河物語』には、この頃の元康が再三石ヶ瀬・刈谷で水野氏と戦ったばかりでなく、梅ヶ坪《うめがつぼ》・西尾・東条などでも戦ったことが書かれている。梅ヶ坪は賀茂郡南部地域で、織田氏の支配下にあったと思われる所、西尾・東条は今川氏の領域である。織田方を敵とするだけでなく、次第に今川方からも離れて、西三河に独立した勢力をつくろうとしている元康の姿が臨まれる。

今川氏真との断交

元康は短期間のうちに、岡崎を拠点として西三河に独自の勢力圏を築いていった。しかし、しばらくの間今川氏真は、元康の動きを今川氏の勢力下の活動で、ひたすら織田方を敵としたものととらえていたようである。

その氏真が、はっきりと元康の反抗を悟ったのは、永禄四年四月十一日にあった牛久保《うしくぼ》城をめぐる戦いの時である。この戦いに関する氏真の感状は、数点残っている。それらによると、元康のほうから牛久保城に攻め寄せてきたようである（『愛知一二』一〇六ほか）。牛久保城は宝飯《ほい》郡東部、つまり東三河に位置する。その地点まで元康は軍を進めてきたのである。この後、元康と今川氏真とは本格的な戦争状態になってゆく。

では、この頃、元康と氏真との間にどのような形で戦いが行われたのだろうか。『松平記』『三河物語』その他の徳川氏創業史、また系譜類など、史料には事欠かない。しかし、戦いのあった年月をはじめ、それらは正確な事実を伝えているとはいいがたい。この時期の氏真の発給文書が多数残されているので、ここでは、それらの文書を用いて両者の戦いの跡をたどってみよう（末尾の数字は、『愛知一二』中の史料番号）。

①五月四日　宇利《うり》城（八名《やな》郡東部）をめぐる戦い（一〇四、一六一）。
②五月二十八日　富永口（設楽《したら》郡南東部）での戦い（一五九、一九九）。
③七月六日　嵩山《すせ》市場口（八名郡東部）長沢での戦い（一三九）。
④八月九日　場所不明だが、駿河衆と岡崎衆との戦いあり（一四九）。
⑤九月四日　大塚口（宝飯郡南部）での戦い（一九九）。
⑥九月十日　嵩山城（八名郡東部）をめぐる戦い（一六二）。

⑦十月　島田城（設楽郡）をめぐる戦い（一七五）。

最初に戦いのあった牛久保だけでなく、これらの戦いはすべて東三河で行われている。つまり元康は、東三河の地をめぐって今川氏真と戦いを繰り返していたのである。また、設楽郡田峰《だみね》の菅沼定直《すがぬまさだなお》を味方にするなど、東三河の国人への働きかけも確実に行っている（『愛知一一』一〇五）。東三河では氏真の宛行状《あてがいじょう》が多数見られるが、永禄四年の時点で今川・松平の競合状態が進んでいる様子であり、どれほどの実効支配があったであろうか。

元康がこれほど大胆な軍事行動に出られたというのは、すでに尾張の信長との領土協定が結ばれていたからである。その協定が行われたのは、四月の牛久保の戦い以前のことであることはまちがいなかろう。

元康の正室・嫡男奪還

東三河をめぐる元康と今川氏真との戦いは、翌五年を迎えてますます激しくなる。今川方の主な城といえば、宝飯郡西部の上之郷《かみのごう》城、同郡東部の牛久保城、渥美郡の吉田城、同郡の田原城などである。元康はこれらの敵城のうち最も近い上之郷城に攻撃をかけ、二月四日に落城させた。城主鵜殿長照《うどのながてる》は戦死、その二人の子は捕虜となった（『愛知一一』一八九ほか）。

長照の母は亡き今川義元の妹。つまり、長照と氏真は従兄弟関係にある。元康は氏真に交渉して、駿河で人質状態になっていた正室の関口氏（築山殿）および嫡男竹千代（後の信康《のぶやす》）と鵜殿の二人の子を交換することを申し入れた。交渉は成立し、元康の妻と息子は無事に手元に戻ることになった。元康はここで、また一段今川氏と距離を置いた形になり、心置きなく戦える状態になったのである。

永禄五年の東三河諸所での戦いで、次第に元康は今川氏を追い込んでいった。氏真が東三河に下した禁制を見ても、永禄五年十月朔日付けで宝飯郡にある八幡社と吉田天王社に宛てたものが終見である（『愛知一一』二四五）。

二　信長と元康との同盟の成立

清須同盟について

元康が今川氏から独立して三河制圧を目指すためには、背後の織田氏と領土協定を結んでおく必要がある。ちょうど信長も、尾張から今川氏の勢力を駆逐して美濃方面への進出を計画していたところだったので、なりゆき上二人はスムーズに結び付いてゆくのである。

この信長・元康両者の同盟が当時の信長の居城清須で結ばれた、という伝承があるため「清須同盟」と呼ばれている。後述するようにその呼び方には問題があるのだが、呼び慣れている語なので、それに従うことにする。

この「清須同盟」は、天正十年（一五八二）六月二日、本能寺の変で信長が倒れるまで約二十年間も続く。昨日の友は今日の敵、紆余曲折ただならぬ戦国の世ではたいへんに珍しい現象とされている。そして、短気、気まぐれ、傲慢な信長と二十年間も友好関係を続けたのは、ひとえに家康（元康）の我慢強さのなせる業《わざ》である、と家康側の評価ばかりが高くなっている。果たしてそれだけなのだろうか。この同盟が長く続いた理由には、もっと深い事情があったことはいうまでもない。それについては、徐々に明らかになるであろう。まずは、その同盟の開始のことから述べてゆきたい。

両者の和睦と清須同盟の時期について

信長と元康との同盟について、東京大学史料編纂所編『史料綜覧　巻十』には、次のように書かれている。

①永禄四年、「是《この》春、松平元康、織田信長ト和シ、松平好景《よしかげ》ヲシテ、今川氏真ノ部将板倉弾正ヲ三河中島ニ攻メシム、弾正敗走ス、」

②永禄五年一月、「是月、松平元康、尾張清洲ニ赴キ、織田信長ト盟約ス、信長、又《また》林通勝《みちかつ》及ビ菅《すが》谷九右衛門《やきゆうえもん》ヲ岡崎ニ遣シテ、之ニ答謝ス、」

この時期は、『大日本史料』がまだ刊行されていない。だから、研究するには『史料綜覧』が手放せない。参考図書としては最重要文献であることはまちがいない。しかし、なにしろその発行は昭和十三年（一九三八年）である。だから、この綱文を立てた根拠をなす史料として、現代の研究家はとても用いないようなものがあげられているのである。例えば、②を裏付ける史料として一、二番目にあげられている史料は、『岡崎古記』および『伊東法師物語』。とても事実を裏付けられるほどの史料ではない。

では、信長と元康とが協定を結んだ時、つまり清須同盟の始まりはいつからなのだろうか。また、信長と元康とが顔を合わせて同盟を確認したのは、いつのことなのだろうか。

まず、協定の締結は『史料綜覧』にある通り、永禄四年春としてよいだろう。それは前述した通り、同年四月から西三河を舞台にして今川氏との戦いが始まっているからである。信長との和睦がなくしてこのような行動はとても不可能と思われる。

永禄五年一月に信長と元康とが清須で会ったということに関しては、基本的な問題がある。はっきり「一月」と書いているのは、先にあげた『岡崎古記』『伊東法師物語』のような、史料価値の乏しいものだけである。そのほか『総見記《そうけんき》』（『織田軍記』ともいう）では、「翌年（永禄五年）の春」として、元康の清須訪問の様子を詳しく述べている。しかしこの本とても、成立したのは十七世紀の終わり頃である。

では、年月についてはともかく、元康が清須を訪問し、信長との間で同盟について確認したことがあったのだろうか。文書はもちろん、『信長公記』のような信憑性の高い史料には、まったくそれをうかがわせる記載がないのである。それのみか、『甫庵信長記』『松平記』『三河物語』といった、江戸時代初期に成った二級史料にも記述がない。

以上述べた通り、永禄五年一月に元康が清須を訪れたということは、否定したほうがよい。元康としては、東三河で今川氏との戦いに追われている最中なので、自ら清須まで足を運ぶ余裕はなさそうである。ただ、この後の二人の結び付きを思うと、ほど遠からぬ頃、顔を合わせる機会を持ったことはまちがいなかろう。ただし、そこが清須であったという裏付けはない。

松平信康と五徳の婚約

「清須同盟」の証《あかし》として、松平元康の嫡男竹千代（後の信康）と信長の娘五徳《ごとく》との婚約が結ばれた。それは、永禄六年三月のこととされている。二人ともまだ数え年五歳の幼子《おさなご》にすぎない。五徳が輿入《こしい》れするのは四年も先、とはいっても九歳なのだから、依然として幼子である。

ここで五徳について、少し述べておこう。二点ばかり問題があるからである。

彼女の母親ははっきりしている。信長の長男信忠《のぶただ》、二男信雄《のぶかつ》と同じく生駒家長《いこまいえなが》の妹、俗に「吉乃《きつの》」とされている女性である。諸書に永禄二年の生まれとある。それについてもまちがいあるまい。これらの点は問題ない。

問題点の第一は、信長の長女なのか二女なのかがはっきりしないことである。これは、同じ信長の娘で蒲生氏郷《がもううじさと》に嫁いだ女性（俗に冬姫《ふゆひめ》という）の生年がよくわからないためである。氏郷室《しつ》の生年については二説、永禄元年説と同四年説がある。元年なら五徳の姉になるし、四年なら妹になる、というわけである。

問題点の第二は、彼女の呼び名である。ふつう「徳姫」といわれているが、実際にはそのように呼ばれたことはない。良質の史料によると童名《わらわな》は「ごとく」。「おごとく」ともあるから、「ご」は尊敬、親愛を表わす「御」ではないようである。したがって、「徳姫」と呼ぶより「五徳」とするほうがよさそうに思う。なお、嫁入り後は「岡崎殿」と呼ばれていた。

信康が悲劇的な最期を遂げること、その悲劇に五徳が大きな役割を果たしたという説があることなどについては、ずっと後に詳述することになる。

水野信元の役割

永禄四年春のうちに信長と元康の間にいわゆる「清須同盟」が結ばれるのだが、その経緯について、どの徳川氏創業史もあまり言及していない。それについて山室恭子氏は、恩人今川氏への裏切り行為なので書きづらかったのだろう、と推測している（山室一九九五年）。肯定してよかろう。ただ言えることは、信長のほうも元康のほうも、このタイミングでの同盟に大きなメリットがあった、といえることである。前に述べた通り、信長は尾張をほぼ完全に平定し、美濃への侵攻を視野に置いていたし、元康は東三河の掌握をねらっていた。だから適当な仲介役さえいれば、渡りに舟とばかりに二人は結び付いたのである。

この時の仲介役を務めた者として、諸書には何人かの名があげられている。信長家臣の滝川一益《たきがわかずます》、あるいは元康家臣の石川数正《いしかわかずまさ》など。しかし、一番登場している人物は、何といっても水野信元である。

例によってわずかな記述ながらも、『松平記』に「然《しか》る処に信長より水野下野（信元）を以て、元康色々和談の扱い有り」と書かれている。

元康と水野信元とは、永禄四年が明けても矛《ほこ》を交えていたことは前述した通りである。しかし、二人はほかならぬ伯父と甥の間柄である。しかも当時の信元は、尾張緒川城界隈《かいわい》だけでなく、三河碧海《あおみ》郡・幡豆《はず》郡にまで勢力を広げている有力者である。これ以上の適役はいないはずである。信長が水野信元に働きかけて仲介役をさせた、と考えるのが自然ではなかろうか。

三　家康の三河統一と信長の美濃制圧

画期の年、永禄六年

永禄六年という年は、信長にとっても元康にとっても新たな画期となった年といえる。まず、元康の嫡男竹千代と信長の娘五徳との婚約が成立したことだが、これについては前述した。姻戚関係を結ぶことによって清須同盟がいよいよ強固になったといえる。

それに加えて元康は、東三河の掌握を進めていった。そして、今川義元の偏諱《へんき》を受けて名乗った「元康」の諱《いみな》を「家康」に改めた。遅すぎたけれど、これで名実ともに今川氏との決別といえる。

ところが、元康改め家康の前に大きな試練が待ち受けていた。三河一向一揆の蜂起である。大勢の家臣たちも加わることになるこの大規模な反乱は、この年の秋の頃に起こったとされる。

信長のほうは、この年に居城を清須から小牧山《こまきやま》へと移す。そして、そこを拠点として、美濃の攻略に乗り出す。それまでは、まっすぐに稲葉山城へと向かっていたのだが、美濃中部からの侵攻作戦へと切り替えたのである。

家康の三河一向一揆との戦い

三河はもともと浄土真宗のさかんな地域であったが、十五世紀後半の蓮如の教化活動により本願寺派の勢力が拡大した。本願寺の末寺である寺院が国中で大勢の門徒を抱えていたが、その有力末寺の一つで起こった事件が三河全域を揺るがす大騒動へと発展してゆく。これが三河一向一揆である。

三河一向一揆については、家康の伝記の中でもかなりの紙面を割かねばならない重要な事件である。また、本願寺や一向一揆研究関係でも必ず取り上げられるべき事項とされている。しかし、信長と家康との関係を主軸に語る本編では、あまり深くは立ち入らないことにする。事件の概略と、家康に対する影響を簡単に評価する程度にとどめておこう。

大きな事件だったにかかわらず、三河一向一揆に関する同時代史料はほとんどない。だから、事件の発端や展開などは、どうしても後の編纂史料に頼らざるをえない。編纂史料の中でも比較的信頼度が高い『松平記』と『三河物語』を中心にして、その概要を記すと次の通りである。

事件は、一向宗有力末寺に対し、家康の家臣が強引に兵糧米を徴収したことから起こる。その有力末寺については、『松平記』では上宮寺《じようぐうじ》、『三河物語』では本証寺《ほんしようじ》とあってはっきりしないが、いずれにしても寺のほうが不入権《ふにゆうけん》の侵害に抗議して、門徒たちに蜂起を呼びかけた。これがたちまちのうちに西三河一帯に広がったのである。

一揆に加わった者は農民や土豪たちばかりではない。家康に降伏したはずの東条城主吉良義昭《きらよしあき》や八ツ面《やつおもて》城の荒川義広《あらかわよしひろ》といった豪族たちも参加した。それのみか、家康の譜代の家臣の大勢が一揆方になったのである。

実は、三河一向一揆の起こった時期についても、正確なことはわからない。『松平記』や『三河物語』では、事件の発端を永禄五年としているが、『寛永諸家系図伝』に載った何人もの徳川直臣の履歴では永禄六年としている。永禄五年といえば、家康が東三河でさかんに今川方と戦っている時だから、ちょっと考えにくい。永禄七年一月、二月に、一揆蜂起に際して味方した云々という家康発給文書があるから、永禄六年秋頃に起こり、翌年春頃まで戦ったと考えるのが自然ではなかろうか。

なにしろ身内の中から大勢の者が敵方に回ってしまったのだから、家康にとってこれほどやりづらい戦いはなかったと思う。一時は居城岡崎城まで一揆勢に攻められるほどの苦戦を強いられた。

しかし、もともと偶発的に起こった一揆である。吉良たち豪族が加わっているとはいえ、全体を統率する力量のある者はいない。それに、『松平記』『三河物語』によると、一揆方になっている家康家臣は、家康が向かうと逃げ出すという有様で、常に信仰と主君への奉公とのジレンマに悩んでいたようである。

このような集団では、結局は統制のとれた戦国大名の軍隊にかなうはずがない。永禄七年の春と思われるが、上和田の成就院《じようじゆいん》（浄珠院）で起請文《きしようもん》が交わされて和議が結ばれた。和議の内容として、一揆参加者の赦免《しやめん》、一向宗寺院の不入権の保証を約束している。

ところが家康は、この約束をすぐに踏みにじった。一揆参加者の一部は赦《ゆる》したけれど、ほとんどの者は追放の憂《う》き目に会った。一向宗寺院は改宗を迫られ、拒否すると寺は破却されて坊主たちは追い出された。まだ二十歳そこそこの家康であったが、早くも「狸親父」の本領発揮、よく言えばさすがの政治力というべきであろう。

この三河一向一揆における苦労は、家康にとって、これまでの苦労とは違う性質のものだった。信仰のために、忠実だった家臣が主君を裏切る。信仰、特に一向宗の恐ろしさを身をもって体験できたのがこの三河一向一揆だったといえるだろう。

家康の三河統一

一向一揆と講和し、なんとかこの難関を乗り切った家康は、永禄七年春から再び東三河侵攻を開始した。永禄七年四月付けの渥美郡小松原宛て、同年五月付けの同郡大平寺宛て、同年同月付けの宝飯郡小坂井《こざかい》八幡宮宛ての家康禁制がその動きを証明している（『愛知一二』三六三、三七〇、三七二）。そして家康は、確実に東三河の地を掌握していった様子である。永禄七年五月以降に見られる、家康の東三河における土地支配関係の足跡を追ってみよう（末尾の数字は『愛知一一』の史料番号）。

①永禄七年五月十三日、戸田主殿助《とのものすけ》（重貞《しげさだ》）に本領を安堵《あんど》し、新知《しんち》として東三河にて九ヶ所都合二千百貫文の地を与える（三六四）。

②永禄七年五月十四日、岩瀬河内守《いわせかわちのかみ》の帰参を許して宝飯郡大塚郷を安堵する（三六五）。

③永禄七年六月十一日、恵慶《えけい》に渥美郡城宝寺《じょうほうじ》の住持職を安堵する（三七六）。

④永禄七年六月二十二日、酒井忠次《さかいただつぐ》に東三河の統轄を委ね、渥美郡内に所領を与える（三七七）。

⑤（永禄七年）六月二十五日、本田（多）豊後守《ぶんごのかみ》（広孝）に、渥美郡田原・赤羽根《あかばね》の下郷人足の使役を命じる（三七八）。

⑥永禄七年六月、本多広孝に渥美郡内の七ヶ所を恩賞として与える（三八〇）。

⑦永禄七年八月十二日、渥美郡野田保運昌寺《のだのほううんしょうじ》の存祝に寺領を安堵し、諸役を免除する（三八八）。

⑧永禄七年十一月、渥美郡吉胡《よしご》の舟大工甚左衛門に、奥郡《おく》（渥美郡）における舟大工職を安堵する（四〇一）。

もっとも今川氏関係の土地支配の跡がまったく見られなくなってしまった、というわけではない。しかし、前年までに比べると極端に少なくなっている。今川氏の支配が辛うじて残っているのは渥美郡だけだが、その渥美郡でさえも家康の侵略が進んできていることがわかる。

そして、④の文書でわかる通り、家康は東三河の統轄責任者として酒井忠次を任命した。もう三河支配のプランは具体化されているわけである。翌八年三月、三河における今川の最後の牙城である吉田城と田原城が落ちる。そして、忠次は吉田城に入れられて、東三河の支配を本格的に始めることになる。

信長の小牧山築城

信長の小牧山城移転に関して、次のような逸話が『信長公記』に載っている。有名な話だが、その頃の信長の居城についての考えに関係するので、あらましを紹介したい。

ある時信長は、家臣たちを連れて丹羽郡の二の宮山に上り、今度ここに居城を移転すると宣言、家臣の屋敷の割り振りまで決めた。二の宮山は不便な場所なので、家臣たちは皆、そこへ引越すことを不満に思った。ところが信長はその後、新しい居城を小牧山に変更すると言い出した。小牧山なら、清須のような便利な場所ではないにせよ、清須から川伝いに行ける。家臣たちはどっと悦《よろこ》んで、早速引越し支度を始めた。これは、はじめから小牧山移転を言い出すと家臣が不満に思うだろう、と信長が考えた策略だったのである。

信長というのは、意外なほど神経のいきとどいた男である、人情の機微に通じた男である、という例としてよく語られる逸話である。

そういうことは別として、この話からわかることは、次の二点である。

①最初に候補地として家臣に示した二の宮山は、犬山の南方わずか七キロメートルである。したが

って、この時の居城移転は、敵対している犬山とその与党である美濃中部の諸城攻略を視野に置いた戦略の一環である、ということ。

②平城《ひらじろ》の清須城から小牧山城への移転となるわけだが、候補地として二の宮山があげられているということは、信長に明らかに山城志向《やまじろ》があったということ。小牧山城の後の岐阜城・安土城を見ても、信長のその志向は変わらなかったようである。

ところで、小牧山移転の年については、最近の諸論文、また、『愛知一一』も永禄六年と断定している。しかし、前に引用した『信長公記』には、「或時《あるとき》」と書かれているにすぎない。前後の様子から見て永禄六年か七年、六年のほうが有力と考えられるが、文献史料の上では、断定するだけの材料はないのが正直なところである。

近年、織豊《しよくほう》期城郭研究が飛躍的に進歩し、小牧山城の発掘も進められた。それに伴って、新たなことがらが解明されてきた。

小牧城移転の目的が、犬山城や美濃中部の敵城を攻略することだったのは前述した通りである。しかし、千田嘉博氏をはじめとする織豊期城郭研究家の方たちの研究では、そのように簡単には割り切れないようである。つまり小牧の地は、信長にとって、美濃攻略のためだけの一時的拠点にすぎない、という考えに対する異議である。小牧山の頂上に築かれた城郭は意外なほど立派な造りであり、山の麓に広がった城下町は惣構《そうがま》えを持ち、しっかりと整えられた町であった。そうした様子が発掘調査の結果わかった、というのである。

確かに、軍事的な意味ばかりで小牧城を評価すると誤りを招くだろう。しかし信長にとって、長い間小牧山城を拠点にしていようという計画などは、初めからなかったに違いない。美濃を攻め取ればさらに拠点を移すことになる、ということはわかっていただろうから。

信長の美濃侵攻

小牧山城に移った信長が当面の目標にしたのは、犬山城の攻略である。犬山城の城主は従兄弟にあたる織田信清である。織田弾正忠《だんじょうのちゅう》家では、信長の祖父信貞の時から、息子たちを分家させて尾張の四方に散らせていた。一族の勢力を拡大させるためには効果的な方法といえるが、こうした分立支配は、しばしば同族間の争いという弊害を生じさせる。

信清は、信長が岩倉城の織田伊勢守家を敵としていた時には、信長に加勢していた。しかしその後、信長の勢力が尾張を席巻しそうになると、斎藤氏に通じて信長に対抗するようになった。永禄六年頃は、丹羽郡の小口《おぐち》城、葉栗郡の黒田城など木曽川に沿った一帯を押さえていた様子である。

信長はまず黒田・小口両城を誘降した。そして、犬山城だけでなく、木曽川を越して美濃の鵜沼《うぬま》城・猿啄《さるばみ》城、さらに東方の兼山《かねやま》城をも攻めた。越後の上杉輝虎《うえすぎてるとら》（謙信）の老臣直江景綱《なおえかげつな》に宛てた九月九日付けの信長書状があるが、これには次のように書かれている。

「よって先月濃州に相働き、井口《いのくち》（稲葉山城）近所に取出《とりで》の城を所々に申し付け候。しからば犬山

城居せしめ候。その刻《きざみ》金山（兼山）落居に候」（奥野高廣『増訂織田信長文書の研究』＝以下「信長文書」と略記、四八号文書）

稲葉山城まで囲んだというのは誇張だと思うが、この手紙の段階で犬山城・兼山城は落城していたことは信じてもよいだろう。問題は、この書状の年代である。奥野高廣氏が『織田信長文書の研究』で永禄七年に比定して以来、それに従う説が多かったが、横山住雄氏は永禄八年説を唱え、犬山城・兼山城落城もその年のこととしている（横山一九八五年）。難しい課題なので、ここでは断定を避け、犬山城・兼山城・鵜沼城・猿啄城は、永禄七年から八年にかけて攻略した、と言うにとどめておこう。

鵜沼・猿啄の北方に位置する加治田《かじた》城の佐藤忠能《ただよし》は、中美濃の有力国人である。鵜沼・猿啄城の落城を見て、信長に降参してきた。信長は兵糧米を贈り、そこを美濃制圧の拠点にしようとする。それに対して斎藤氏は、加治田城の南の堂洞《どうほら》という所に砦を築かせ、加治田城を攻撃した。信長は佐藤を救うべく小牧を出陣、堂洞砦に攻めかかった。暗闇の中の激闘の末、信長軍は砦を占領した。戦いの後に加治田城を訪れた時、佐藤は涙を流して信長を迎えたという。

永禄七年から八年にかけて、小牧城を拠点として確実に斎藤氏を追い込んでいった信長だが、苦い敗戦もあった。永禄九年閏《うるう》八月にあった河野島《かわのじま》の戦いである。

この戦いについては、『信長公記』に記載がない。ところが、山梨県の中島家という旧家に伝わってきた、閏八月十八日付け、宛名不明（恵林寺《えりんじ》の快川紹喜《かいせんじょうき》と思われる）、斎藤家老臣四名の連署状がある。これによると、八月末に信長は木曽川を渡って斎藤軍と対峙していたが、閏八月八日未明、突然軍を引いた。ところが川が増水していたため、大勢が溺れてしまい、惨めな敗戦になったという。「川へ逃げ入り、水に没し溺れる者共数を知らず候。残党川際において少々討ち候。兵具《ひょうぐ》已《い》（以）下《か》捨て候ていたらく、前代未聞ニ候」と斎藤重臣からの報告に書かれている（『中島文書』＝『愛知一二五一六』）。

なんといってもこの文書は、斎藤氏の身内が近年の様子について知らない遠方の者に報告したものだから、大いに誇張されているはずである。しかし、この時に織田軍が美濃を攻撃しようとして失敗したことまでは確かであろう。

この河野島の戦いが、永禄九年閏八月八日のできごと。その翌月、つまり永禄九年九月といえば、有名な木下秀吉の墨俣《すのまた》築城のあった時とされている。秀吉が蜂須賀《はちすか》正勝《まさかつ》たち野伏《のぶせり》を動員して、織田氏・斎藤氏の接点にあたる木曽川岸の墨俣の地にたちまち城塞《じょうさい》を築いた、という話である。

だが、この秀吉による墨俣築城という快挙は、残念ながら史実として確かめることはできないのである。『信長公記』には無論載っていないし、その他の信憑性の高い史料にも、その跡はうかがえない。今の段階では、伝説として取り扱うべきものと考えるしかない。

稲葉山城の攻略

稲葉山城攻略戦についても、いろいろと疑問がある。細かい戦闘の様子などはもちろんだが、基本的な問題点はその年月である。信長が稲葉山城をいつ攻略したのかということは、長年論議されてきたテーマだった。美濃攻め全体に関していえることだが、『信長公記』首巻の記述が簡単すぎるのである。

「一、八月朔日、美濃三人衆、稲葉伊予守《いよのかみ》・氏家卜全《うじいえぼくぜん》・安東伊賀守《あんどういがのかみ》申合せ候て、信長公へ御身方《おみかた》（味方）に参るべきの間、人質を御請取《おうけと》り候へと申越し候」

美濃三人衆が投降してきたので、信長はすぐに村井貞勝《むらいさだかつ》と島田秀順《しまだひでより》を人質受け取りの使者として派遣する。その人質が到着しないうちに信長は出陣の命令を下した。稲葉山の峰続きの瑞龍寺《ずいりようじ》山に上り、井ノ口の町に火を放つ。さらに部将たちを城の周囲に配置して、攻撃体制を整えた。

「一、八月十五日、色々降参候て、飛驒川《ひだがわ》のつづきにて候間、舟にて川内長島《かわうちながしま》へ龍興《たつおき》退散」

この後、信長が小牧山城から稲葉山城に移り、井ノ口を「岐阜」と改めた、と記事は続いている。

『信長公記』首巻の記事は「一、―」という一つ書きの形であり、月日の記載はあっても、年は載せていないのがふつうである。たまに年記載があっても、それは後になって付されたもののようで、そのほとんどが誤っている。この稲葉山城攻略の件にしても、引用文からわかる通り一つ書きの形になっており、年の記載はない。そのため、この事件は、江戸時代から明治期を通じて、永禄七年のこととされてきた。『太閤記』『豊鑑《とよかがみ》』をはじめとして、江戸時代初期に成立した編纂史料が、ことごとく永禄七年のこととして記しているからである。

ところが明治から大正期にかけて、何人かの研究家から永禄十年説が出され、ついにこれが定説化するに至ったのである。その説の決定的ともいえる根拠は、先に引用した斎藤家四老臣の連署状（『中島文書』）である。この文書から、永禄九年閏八月に信長対斎藤との戦いがあったことが判明する。その二年前に稲葉山城が落城し、斎藤龍興が長島まで逃れているならば、このような戦いなど起こるはずがない。永禄十年説が浸透していってからも、なおしばらく郷土史家を中心に永禄七年説も主張されてきたが、今では、どうにか稲葉山城落城は永禄十年の事実として定着している。

木下秀吉の手柄について

秀吉の出世物語の中では、墨俣一夜城の話は有名である。語られている話のほとんどは作り話だとしても、墨俣の地に秀吉が見事な働きによって城を築いたことは事実、と信じている人は多い。しかし、それとても、良質史料の上での裏付けはとれない。

そのほか、鵜沼城の城主大沢次郎左衛門《おおさわじろうざえもん》を誘降した時の苦労談、稲葉山城攻めの時の活躍ぶりなど、美濃攻めにおける秀吉の手柄話は『太閤記』などたくさんの文献の中で語られている。これらの話が後に、『絵本太閤記』などの創作本で尾鰭を付けられて巷間に流布してゆくのである。

これらの手柄話は信用できないけれど、この美濃攻めの時期に秀吉はすごい出世をしているのがわかる。

秀吉の初見文書は意外と早く、永禄八年のものなのである。この年十一月二（三カ）日付けで、坪内喜太郎（利定《としさだ》）に宛てた文書（『坪内文書』＝信長文書五八参考）である。『坪内文書』には、このほか年記載のない八月二十三日付けの同人宛ての秀吉発給文書があり、これもおそらく永禄八年のものと思われる。そうすると、こちらのほうが秀吉の初見文書ということになる。

これら二通の文書は、信長の坪内への宛行状の副状《そえじょう》である。秀吉が副状を出して宛行いを確認しているということは、信長の命令を自分も承知している、と相手に伝えているのである。宛行いを実際に執行するのは秀吉で、木曽川辺の松倉の国人である坪内一族を指揮する権限を持っていたと推測できる。永禄八年の段階で秀吉は、織田軍団の部将の末席に連なるほどの地位にはいたといえよう。

この三年後の上洛の時には、秀吉は、織田軍団の部将十指に入るほどに出世している。墨俣築城、稲葉山城攻めなどにおける活躍は伝説にすぎないとしても、秀吉が美濃攻めを通じて目立った手柄を重ねた、ということはまちがいあるまい。

第二部　信長の統一戦の進行と家康の協力―同盟の展開

第四章　信長西へ、家康東へ

一　信長の上洛

信長と武田信玄との連携

信長というのは、意外なほど外交に長《た》けた男である。武田信玄と上杉謙信といえば、周知の通り戦国のライバルであり、ずっと争いを続けてきた間柄である。二人が川中島《かわなかじま》で矛《ほこ》を交えていくばくもない時だから、当然まだ戦争状態が続いているのだが、なんと信長はその両方と連携している。

上杉氏との連絡は、永禄七年（一五六四）のものと思われる六月九日付け、上杉氏老臣直江大和守《なおえやまとのかみ》（景綱《かげつな》）宛て信長書状があり、この直前から始まったものと思われる。さらにその直後には、謙信より信長の子を養子にしたいと申し込まれている。この件は、何らかの事情によって実現しなかったようだが、謙信が信長との連携に大きな期待を寄せていたことが読み取れる。この頃は武田氏・今川氏・北条氏のいわゆる甲駿相三国同盟がまだ生きており、謙信としても、どこかとの連携を切実に望んだのだろう。

信玄との付き合いは、『甲陽軍鑑』によれば、永禄八年九月にはすでに始まっている。信長から信玄に使者を送り、養女（遠山直廉《とおやまなおかど》の娘、信長の姪）と信玄の子勝頼との婚姻を申し入れた。信玄は喜んで承諾し、十一月十三日、早くも輿入《こしい》れになったという。

これも『甲陽軍鑑』にある話だが、信玄のほうは二年に一度ぐらいしか通信しないのに信長は年に七度も使者を遣わす。しかも、その贈物は常に心が行き届いていたので、信玄はすっかり信長の誠意を信じ切ったという。

上洛を目標としている信長にとって、東方は安全にしておかなくてはならない。信長の巧みな外交によって、織田・武田の友好関係はその後しばらく続くのである。

足利義昭の働きかけ

信長が武田信玄との接触を始めたのが永禄八年九月頃とすると、これは、畿内の情勢と結び付いているのではないかと思われる。畿内の情勢とは、この年五月十九日にあった、松永久秀《まつながひさひで》たちによる将軍足利義輝襲殺事件とその後の足利義昭《よしあき》（当時は一乗院覚慶《いちじょういんかくけい》）の動きのことである。

将軍の弟義昭は、久秀たちのため奈良に捕われの身になったが、幕臣細川藤孝などの助けにより脱出に成功、近江矢島へと逃れた。そして、そこから各地の戦国大名に通信し、上洛と将軍位継承への援助を求めたのである。

『多聞院日記《たもんいんにっき》』や『言継卿記《ときつぐきょうき》』によると、義昭が奈良から脱出したのが七月二十八日の夜である。

そして、早くも八月五日には上杉謙信に書状を発し、幕府の再興を依頼している（『上杉家文書』）。義昭がこの際最も頼りにしていた戦国大名は上杉謙信だった。かつて謙信は、兄の将軍義輝に謁見した。その時、将軍への忠誠を誓い、将軍一門と同等の扱いを認められている。義昭にとって、押しも押されもせぬ本命であった。だから、真っ先に謙信に書状をしたためたのだろう。しかし、その後幾許《いくばく》もなく信長たちほかの戦国大名とも通信したと思われる。信長が信玄との連携に動いた陰には、こうした事情があったのではなかろうか。

信長の意図は、もちろん義昭を擁して上洛することである。それまでも何度も花押《かおう》を変えてきた信長だが、ちょうどこの時期から至治《しち》の世だけに出現するとされる動物である「麟《りん》」の字を崩した花押を用いている。佐藤進一氏は、これを信長の至治の世への願望を表すものと解釈している（佐藤一九八八年）。

上洛に向かって

ひたすら上洛を望んでいる義昭にとって、上杉謙信こそ希望の星だった。しかし謙信は、上野《こうずけ》で信玄との戦いが続いている上、分国《ぶんこく》越後国内も不安定とあって、とても大軍を率いて上洛することなどできる状態ではなかったのである。

やがて義昭は、近江から若狭を経て越前の朝倉義景《あさくらよしかげ》を頼った。大国越前の国主《こくしゅ》ならば、自分を擁して上洛する力がある、と期待をかけたのだろう。しかし義景は、上洛して将軍を補佐するなどといった野心はなく、分国の越前一国を安定させることだけを目標にしていた。

信長にも早くから働きかけがあったと思われることは、前に述べた通りである。信長には、謙信よりも地の利があったし、義景と違って上洛の野心があった。しかし、美濃の斎藤氏が障碍《しょうがい》になって、なかなか義昭の要求通りに動くことができなかった。

永禄十年（一五六七）八月斎藤氏を逐《お》って美濃全域を掌中に収めた信長は、いよいよ上洛の準備を具体化させるのである。その決意は、この年十一月に「天下布武《てんかふぶ》」の朱印を用い始めていることにも表れている（信長文書七七）。

翌十一年二月、義昭のライバルである足利義栄《よしひで》が将軍宣下《せんげ》を受けた。将軍位は、義輝が三好《みよし》や松永に殺されて以来、三年近くも空位だった。その間、義昭と義栄、従兄弟同士が互いに将軍後継の正当性を主張し、遠く離れながら争ってきたのである。義栄将軍就任の情報を越前で聞いた義昭の焦りは、いかばかりだっただろうか。そうした中、信長から上洛の連絡が届くのである。義昭は早速出立《しゅったつ》の準備を始める。二年間も世話になった朝倉義景に対し、将来も決して見捨てない旨約束し、七月十三日に一乗谷《いちじょうだに》を後にした。小谷《おだに》を経由して二十五日に岐阜に到着、岐阜の郊外にある立政寺《りゅうしょうじ》に入った。

足利義昭を迎え入れ、上洛の準備は整った。信長は、南近江の戦国大名六角《ろっかく》氏を味方に誘った。しかし、将軍義栄―三好三人衆のラインに属している六角承禎《じょうてい》は、その誘いに乗らなかったのである。六角氏と戦うことになるのは、はじめから覚悟している。九月七日、信長は岐阜を出陣した。尾張・美濃・伊勢の大部分の兵が動員されたと思われる。家康もこの上洛軍に援軍を送った。藤井松平の松平信一《のぶかず》率いる軍勢で、一千余騎だったという（『家忠日記増補』）。

後に述べるが、この時、武田信玄が信長と合意のもとで駿河に侵入することを計画している。家康も信長の意思によって三河に留められたのではなかろうか。従って、形だけの加勢にとどまったのだと思う。そのほか、浅井《あざい》軍の加勢もあったようだから、総勢四、五万といったところだろうか。

信長の上洛と畿内の平定

六角氏の主城は観音寺城《かんのんじ》。当主義弼《よしすけ》とその父承禎が居城にしていた。九月十二日夕刻、信長先鋒《せんぽう》軍はその南方にある箕作山《みつくりやま》城に襲いかかった。その日のうちに箕作山城は陥落、恐れをなした六角父子は、観音寺城を捨てて甲賀《こうか》方面へと逃れてしまったのである。一部の国衆《くにしゅう》はそれに従ったが、大半の者は信長に降伏することになった。

もう京都までの道をさえぎる者はいない。信長は岐阜に使者を立てた。首を長くして迎えを待っていた義昭は、すぐに岐阜を出発、二十二日に近江桑実寺《くわのみでら》で信長に合流した。

信長軍が京都に向かって進軍していること、六角氏があえなく撃退されたこと、これらの情報は翌日には京都まで届いている。この勢いで信長が京都に入ってくることは、もう確実である。信長の当面の敵である三好三人衆たちは、ひとまず京都を離れた。そして、山城の勝龍寺《しょうりゅうじ》城、摂津の芥川《あくたがわ》・越水《こしみず》・滝山《たきやま》などの諸城に籠って様子をうかがう作戦を立てた。

永禄十一年九月二十六日早朝、信長はついに上洛を果たした。東寺に本陣を張る。足利義昭も続いて京都に入り、清水寺に着陣した。

京都に入ったものの、休息は許されない。山城・摂津をはじめ畿内の各地には、三好三人衆やその与党の勢力がある。山城の勝龍寺城をまず攻略すると、信長は摂津へと軍を進める。十月初めまでにことごとく平定して、三好三人衆たちを四国へと追い払った。

信長はすぐには京都に戻らず、芥川の地にとどまる。義昭も下向《げこう》して、一緒に滞在し、畿内・近国の武士たちの礼を受ける一方、安堵《あんど》・宛行《あてが》いなどの政務を執り行っている。畿内の有力者として、第一に指を折るべき人物は松永久秀であろう。永禄八年五月に三好三人衆と一緒に将軍義輝を殺した久秀は、その後三人衆と対立し、畿内を舞台に戦いを繰り返してきた。三人衆との戦いが不利になる中で久秀は、信長と連絡をとっていたのである。信長はまだ美濃の平定さえできていない段階なのだから、久秀の眼力はなかなかと言わねばならないだろう。久秀は、名物「つくもかみ」の茶入《ちゃいれ》を手土産に信長を訪ね、あらためて忠誠を誓ったのである。

久秀は、義昭にとって兄の仇《かたき》である。無条件に赦《ゆる》すということには、当然抵抗があったであろう。しかし、信長は久秀の利用価値を考えて、義昭を説得したと思われる。

結局、畿内の新しい支配体制は次の通りになった。このあたりの人事は、かなり義昭の意向を取り入れたものと思われる。

河内守護―三好義継《よしつぐ》（北河内、若江《わかえ》城）・畠山高政《はたけやまたかまさ》（南河内、高屋《たかや》城）
摂津守護―和田惟政《わだこれまさ》（芥川城）・伊丹忠親《いたみただちか》（伊丹城）・池田勝正《いけだかつまさ》（池田城）
大和支配―松永久秀（多聞山《たもんやま》城）
山城の内―細川藤孝（勝龍寺城）

十月十八日、義昭はめでたく征夷大将軍《せいいたいしょうぐん》の宣下を受けた。この年二月に三好三人衆に担がれて将軍に就任していた義栄は、信長の上洛の直前に、結局京都の地を踏むことがないまま死んでいた。したがって、義昭の将軍就任にはまったく支障がなかったのである。

信長の岐阜帰陣に際して、義昭は二通の御内書《ごないしょ》（将軍の書状）を信長に遣わした。一通は今度の京都・畿内平定に対する感状、もう一通は足利氏の桐の紋章と旗や幕に付ける二引両《にひきりょう》の使用の許可状だった。つい先日、副将軍または管領《かんれい》職への就任を辞退した信長だったが、この紋章と二引両は素直に受け取っている。この二通の御内書の宛名が、「御父《おんちち》　織田弾正忠殿」となっていることはあまりにも有名である。義昭の信長に対する敬意は、この頃は父親に匹敵するものだったのである。

十月二十六日、信長は京都を出発し、凱旋の途についた。

六条合戦と将軍邸建設

永禄十二年の年が明けた早々、三好三人衆たちの軍が将軍御所《ごしょ》を襲った。将軍御所とはいっても、六条にある本國寺《ほんこくじ》の仮住まいである。本國寺に詰めていた将軍親衛隊と若狭の武士たちの活躍でなんとか持ちこたえているうち、畿内の守護たちが駆け付けて敵を追い返すことができたが、まさに危機一髪であった。

信長が京都に入ったのは十日。それでも、注進が届くやすぐに出陣して翌日入京ということだから、通報が届いたのは九日である。三好一党の将軍御所襲撃は五日だから、畿内からの通報そのものが遅かったのだろう。

この時、信長は痛感した。畿内の守護たちを信頼しすぎてはいけない。まずは堅固な将軍御所を築いてしっかりと将軍の身柄を守ることである。信長はすぐに将軍御所の建設に取りかかった。しばしば信長自身が陣頭に立ち、突貫工事が続けられた末、なんと四月には竣工するのである。「少なくとも二、三年はかかると思われたものを、彼はほとんどすべてを七十日間で完成した」とルイス・フロイスは驚嘆して記している（フロイス『日本史』）。

なすべきことを終わって信長が京都を後にしたのは、四月二十一日のことである。ちょうど行き合わせていた山科言継《やましなときつぐ》の語るところによると、義昭は別れを惜しんで涙を流し、信長の姿が遠くに消えるまで門外にたたずんでいたとのことである。

二　家康の遠江侵攻

武田信玄の駿河侵攻

武田氏・今川氏・北条氏の三者は、天文年間の末（一五五〇年前後）にいわゆる甲駿相三国同盟を結び、三者の間で婚姻が結ばれた。この時、武田信玄の長男義信《よしのぶ》に今川義元の娘が嫁した。

しかし、桶狭間の戦い以後今川氏が弱体化するのを見て、信玄は駿河侵略を企てた。親今川氏の立場をとる義信は当然反対したが、信玄は義信一派を粛清し、一方では信長との連携を深めて、自分の野心を遂行しようとするのである。永禄十年十月、義信は自害に追い込まれ、翌年春、その未亡人は実兄今川氏真の求めにより実家に帰された。こうして武田氏と今川氏との関係は、完全に断ち切られるのである。

氏真のほうも、信玄のこのような動きに対して警戒を怠っていたわけではない。永禄十年のうちに、上杉謙信と結んで信玄を包囲する作戦に出るのである。

この今川氏と上杉氏による交渉は、信玄を脅かすに十分だった。今川氏と北条氏の結びつきは強固なままである。北条氏と武田氏もいちおう姻戚関係にあるけれど、北条氏の出方次第によっては三方から囲まれてしまう危険性がある。いや、その危険性は大きいと言わねばならない。信玄は、その危

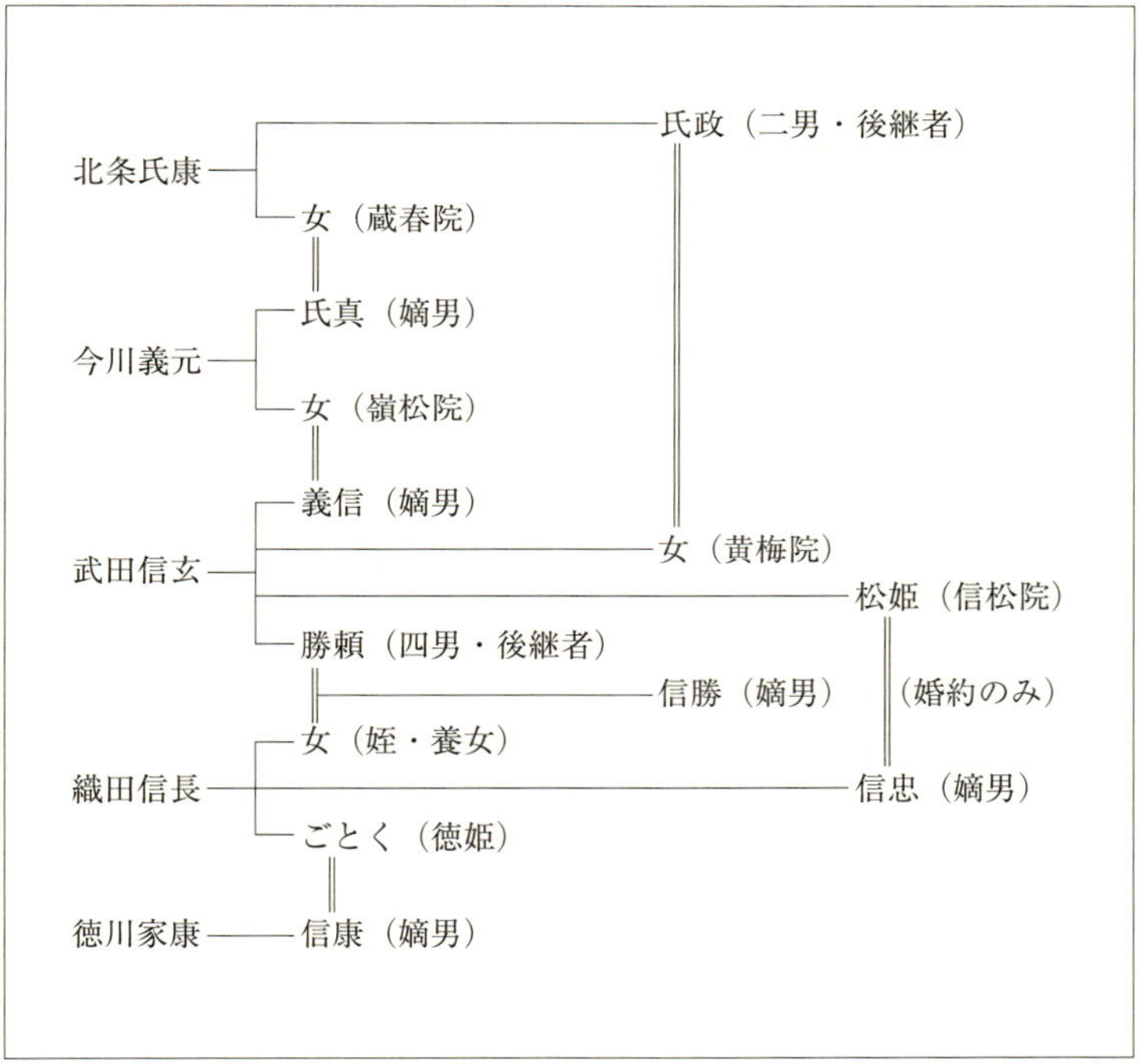
北条氏康
氏政（二男・後継者）
女（蔵春院）
今川義元
氏真（嫡男）
女（嶺松院）
義信（嫡男）
武田信玄
女（黄梅院）
松姫（信松院）
勝頼（四男・後継者）
信勝（嫡男）
（婚約のみ）
女（姪・養女）
織田信長
信忠（嫡男）
ごとく（徳姫）
徳川家康
信康（嫡男）

5 大名の婚姻関係図

険性を回避するため、信長に働きかけるのである。

信長は永禄十年のうちに美濃の制圧を終え、いよいよ上洛の準備に取りかかる段階だった。だから、直接東方の争いに関与する必要はないけれど、今川氏を牽制することにより、背後を安全にしておくに越したことはない。両者の利害はほぼ一致し、交渉は進んだ。

この時信玄と信長が取り交わしたと思われる事柄は、要約すると次の二点ということになろう。一つは、信長が信玄と上杉謙信との和睦を仲介すること、もう一つは、信長が家康を遠江方面から今川分国に侵入させることである。

（永禄十一年）七月二十九日付けの謙信宛て信長書状によると、信長は信玄との連携について語り、武田と上杉間の和睦を希望することを表明している。家康への働きかけも、じきに行われた様子である。

この後の九月、信長は上洛の軍を起こして無事に畿内を平定し、足利義昭を将軍位に就ける。一方の信玄も、駿河侵略というかねてからの計画を実行する。越後の謙信が深雪で軍を動かせないのを見て、十二月六日に駿河へ向けて出陣、十三日には早くも駿府を占領して今川氏真を遠江掛川へと追いやってしまう。そして、北条氏に対しては、氏真が上杉氏と連携しているから、このままではこちらが滅亡するしかないのでやむなく攻め込んだ、と自分の行動を正当化している。

しかし北条氏は、そんな信玄の弁解などには耳を貸さず、はっきりと信玄との断交を表明、今川氏の救援に乗り出してくる。これによって、信玄の駿河侵略の勢いが止まってしまうのである。

家康の遠江出陣

信玄が駿河に侵入して間もなく、家康もまた遠江に入った。その後、家康が遠江国衆を従えた跡をたどると、次の通りである。

①永禄十一年十二月十二日、菅沼忠久《すがぬまただひさ》・近藤康用《こんどうやすもち》・鈴木重時《すずきしげとき》（いわゆる井伊谷三人衆《いいのやさんにんしゅう》）宛てに起《き》請《しょう》文《もん》を書き、井伊谷等の知行地《ちぎょうち》を安堵する（『静岡県史　資料編七』三五〇三）。

②同年同月二十日　豊田《とよた》郡匂坂《さぎさか》郷の匂坂吉政《よしまさ》に知行地を安堵する（『同書』三五二八）。

③同年同月二十一日　周智《すち》郡久能《くの》城の久能宗能《むねよし》に所領を安堵する（『同書』三五二九）。

④同年同月二十六日　豊田郡二俣《ふたまた》城の鵜殿氏長《うどのうじなが》たちに宛てて起請文を書き、知行地を安堵する（『同書』三五三九）。

⑤同年同月　城東《じょうとう》郡高天神《たかてんじん》城の小笠原氏助《おがさわらうじすけ》とその父山名《やまな》郡馬伏塚《まむしづか》城の小笠原氏興《うじおき》を誘降《ゆうこう》する（『譜牒余録後編』『寛永諸家系図伝』）。

⑥永禄十二年一月二日　周智郡犬居《いぬい》城の天野藤秀《あまのふじひで》たちに犬居等の地を安堵する（『静岡県史　資料編七』三五五二）。

家康の進路は、本坂《ほんさか》峠を越え、浜名湖の北側を経由したようである。それにしても、遠江に入ってほんの二十日ほどで、広範囲の国衆が家康に従ったように見える。なかなかのお手並みといえるだろう。

この作戦のキーポイントは、高天神城に本拠を持つ小笠原氏の誘降にあったといえようか。小笠原氏はこの頃、遠江南東部でかなり大きな勢力を保持していた。『松平記』には、今川氏に忠誠を尽くすか武田氏に付くか思案しているのを、家康の家臣榊原康政《さかきばらやすまさ》たちが説得したと書かれている。小笠原氏が降ったのが十二月の何日かはわからないが、このように攻略が順調に進んだのを見ると、かなり早い段階だったと思われる。

十二月二十三日付けで信玄は家康に書し、早く掛川城に氏真を攻めるように促した（『恵林寺文書』）。それに応じるかのように家康も掛川に兵を遣わし、二十七日より掛川城攻めに取りかかった。

今川氏の没落

やがて家康自身も掛川表《おもて》に到着し、本格的に城攻めが始まる。『松平記』によると、一月十六日から掛川城の周囲に付城《つけじろ》を築き、小笠原・久能の部隊を先鋒《せんぽう》として攻めさせたという。しかし、今川軍もよく抵抗した。同月二十一日から始まった天王山の戦いでは、勝ったり負けたり一進一退の勝負が繰り返された。

予想外の今川側の抵抗に会い、家康は、力攻めは難しいと感じた。すでに北条氏は氏真援護に乗り出しており、駿河で信玄の軍と戦っているのである。掛川方面へも、少数ながら今川救援軍が派遣されている。

ここでもしも掛川城攻めが長引いたなら、北条氏との全面衝突になってしまい、将来の見通しはまったくわからなくなる。三月八日、家康は使者を立て、今川の家臣の小倉勝久《おぐらかつひさ》に対して、氏真との和睦の仲介をするよう依頼した（『小倉文書』）。『松平記』によると、家康は次のように言って和睦を持ちかけたという。

遠江は、家康が取らなければ、必ず信玄が取ってしまう。自分と和睦したならば、北条氏と話し合って信玄を追い払い、また駿府に氏真を戻すことができる。

小倉がそのことを氏真に話すと、氏真も納得して、掛川城を開け退《の》くつもりになったという。北条氏もこの家康の提案に賛意を示したので、和睦交渉はその後とんとんと進んだ。五月十五日、氏真は掛川城を開城する。一時は三国を支配し、東海に覇を唱えた今川氏だったが、ここに戦国大名としての存在を消すことになる。

家康と信玄の交渉

この永禄十一年十二月から始まる今川領侵略は、北から信玄、西から家康によってなされた。しかし、彼ら二人の陰には信長の存在があった。信長が了承したからこそ、信玄は今川領に攻め込むことができたのだし、家康の出陣は、信玄の要請を受けて信長が指示したものと思われる。

家康が遠江に出陣するにあたって、信玄との間には、大井川を境に駿河は武田領、遠江は徳川領とする、という約束が交わされたという。その証拠となる文書史料はないが、『松平記』『三河物語』といった徳川氏創業史だけでなく、『甲陽軍鑑』にもその約束が載っているから、事実と考えてもよさそうである。

ところが信玄は、家康がまだ遠江に入るか入らないうちに、部将の秋山虎繁《あきやまとらしげ》を伊那《いな》方面から遠江北部に侵入させたのである。家康からの抗議によってじきに軍を引かせ、謝罪しているが、単なる手違いであるはずがない。老獪《ろうかい》と言おうか、まことに油断のならない信玄であった。家康はこの後、上杉謙信との連携を次第に深め、信玄と手を切る方向へと向かう。この時の信玄への不信が積もった結果であろう。

信玄のほうは、駿河侵攻の当初こそ順調だったのだが、北条氏が敵になって駿河に出兵してくると、苦戦の連続に陥ってしまった。そうなると、頼みは、信長と家康しかない。つまり、信長に上杉謙信との和睦を仲介してその南下を止めてもらうことと家康に早く掛川城を攻略させることである。そのような状況の信玄にとって、家康から疑念を持たれるのは得策ではない。信玄からの要求により、二月に二人の間であらためて起請文が交わされることになる。二月十六日付けで家康に宛てた書状で信玄は、ひたすら家康との入魂《じっこん》を求めている（『武徳編年集成』所収文書）。

三月になって信玄は、市川十郎右衛門尉という者を京都へ派遣した。信長だけでなく将軍義昭にも上杉との和睦の仲介を急いでほしい、と頼むためである。三月二十三日付けの市川宛ての信玄書状があるが、この手紙の中に、当時の信玄の気持ちが如実に表れているのである。なにしろもう三月下旬、北陸の雪は溶けている。謙信の意思次第で南方への出陣は可能である。しかも、掛川城攻めが行き詰まっている家康は氏真との和睦の道を探っている、との噂がある。今川と徳川が結ぶことになれば、信玄の立場はなくなる。最悪の場合、三方からの包囲体制ができてしまう。

「この時いささかも信長御疎略においては、信玄滅亡疑いなく候」と書かれている（『古今消息集』）。身内の者に宛てた手紙の中での表現である。誇張はないものと思う。この頃、信玄がかなり追い込まれた心情になっていたかがわかる。

この後、信長の努力もあって上杉謙信の南下は実現せず、四月下旬、信玄は無事に駿府から甲府へと撤退する。しかし、北条氏を完全に敵にしてしまったため、信玄が駿河を支配下に置くのは、一年以上も後のことになる。

三　姉川の戦い

信長の朝廷への接近

信長と将軍義昭との蜜月はしばらく続くが、一年ほどして最初の対立があった。永禄十二年十月、一カ月余りの包囲戦の末北畠《きたばたけ》氏の伊勢大河内《おかわち》城を開城させた信長は、その後、千草《ちぐさ》峠経由で上京した。そして、将軍御所を訪ねて伊勢平定について報告した。その後しばらく滞在するはずだったのだが、突然岐阜に帰ってしまう。『多聞院日記』に「上意とせりあいて下りおわんぬと」と記されているから、将軍と喧嘩《けんか》別れをしたのである。喧嘩の原因は、翌年正月二十三日付けで、信長が義昭に押し付け、承認の袖判《そではん》を捺《お》させた条書で見当がつく（信長文書二〇九）。義昭が将軍という地位をかさにきて、信長から離れた勝手な行動をとるようになったからである。

条書は五カ条から成っており、いろいろと義昭の行動を制約する信長の意図が表れている。主なものをあげてみよう。

「一、大名たちに命令することがあるなら、まず信長にその旨を伝えること。信長からも書状を添える。

一、これまで将軍が命令したことはすべて無効とし、あらためて考え直して決める。

一、天下のことは信長に任せたのだから、将軍の意思を伺う必要などなく、信長の意思通りに行う」

この五カ条と同じ正月二十三日、信長は諸国の大名たちに書状を送った（信長文書二一〇）。宛先は、畿内・近国の大名・国人《こくじん》が多いものの、東方は徳川家康・武田信玄、北方は越中の神保《じんぼ》氏、西方は備前の浦上《うらがみ》氏にまで及んでいる。書状の文面は、次の通りの内容である。

「皇居の修理、幕府への奉仕、そのほか天下を鎮《しず》めるため、来たる二月下旬に上京する予定である。あなた方も上洛して天皇と将軍に拝礼し、お役に立つように。遅れてはならない」

これら同じ日付けの二つの文書を合せて考えると、この時の信長の意図が見えると思う。将軍を傀《かい》儡《らい》化して幕府を動かすだけでなく、合せて朝廷の保護者という立場に立つ。さらに天皇という古来の権威を盾とし、正当な天下静謐《てんかせいひつ》執行権を持つ幕府を利用して、統一事業へと向かうことである。

「二月下旬」という予定は大幅に遅れたが、信長はともかく二月三十日の夕刻に京都に入った。この時の信長の上洛騒ぎは尋常ではなかった。大勢の公家《くげ》や幕府奉公衆《ほうこうしゅう》が、信長の船が到着する堅田《かたた》の湊や坂本の町まで迎えに来ていた。それだけではない。京都の郊外吉田には、京都の市民たちが何百人も集まって、盛大に信長を迎えたのである。『言継卿記』によれば、一町あたり五人のノルマが割当てられて動員された人々だった。明らかに信長が演出した騒ぎである。天下静謐という大事業を実質上執行するのは、ほかならぬ信長であることを、京都市民にも広く知らしめようという意図があったのだろう。

上洛の次の日、つまり三月一日の正午頃、信長はまず将軍御所を訪れ、義昭に挨拶した。午後になって信長は参内した。なんと衣冠を着した正装の姿だった。大勢の公家衆が相伴《しょうばん》した。信長の官は、当時正六位《しょうろくい》相当の弾正忠、つまり地下人《じげにん》（昇殿を許されていない官人《かんにん》）にすぎない。ところがこの時は、征夷大将軍である義昭に匹敵する待遇を受けているのである。

この永禄十三年三月一日。この時こそ、信長が天下静謐を執行するという本来将軍に属すべき権限を代行することを、将軍に認めさせ、かつ天皇の勅命《ちょくめい》をも受けた画期なのではなかろうか。

越前遠征について

正月二十三日付けの触状《ふれじょう》に応じて、大勢の大名たちが上洛してきた。畿内・近国からは河内の三好義継、大和の松永久秀、伊勢の北畠具房《ともふさ》、紀伊の畠山高政および秋高《あきたか》、丹後の一色《いっしき》義道《よしみち》、その他飛騨の三木《みつき》自綱《よりつな》の在洛も確かめられる。遠方の宇喜多《うきた》直家《なおいえ》（備前）、大友《おおとも》義鎮《よししげ》（豊後）は使者を派遣した。家康も、信長にそう遅れることなく上京したようである。信長の思惑は、だいたい実現したように見える。

しかし、中には、近国にありながらこれを無視した者もいた。その代表は、越前の朝倉義景である。四月二十日、信長は京都を出陣した。『言継卿記』によれば、三万もの軍勢だったという。織田軍や同盟している徳川軍だけでなく、摂津守護の池田勝正、大和の松永久秀など幕府の直臣《じきしん》の軍も参加している。それればかりではない。軍の中には、飛鳥井《あすかい》雅敦《まさあつ》・日野《ひの》輝資《てるすけ》といった公家もいたのである。彼らに烏丸《からすま》・高倉《たかくら》などを加えた公家衆は、「武家《ぶけ》昵近《じっきん》公家衆」と呼ばれ、天皇に仕えながら将軍にも奉公するといった特殊な立場なのである。幕臣や武家昵近公家衆を従えたこの軍は、明らかに将軍代行の率いる軍隊であった。出陣の前日、信長は参内して天皇・皇太子に暇乞いをしているし、将軍義昭をも訪ねている。勅命と将軍の上意、両方を帯びての遠征だった。

しかし、天皇・将軍が公認したこのいくさは、はじめから越前の朝倉氏の討伐だったのだろうか。上洛の呼びかけに応じなかったからといって、即座に討伐というのは、あまりにも性急すぎるのではなかろうか。山科言継はその日記に、信長の出陣について、「若州《じゃくしゅう》へ罷《まか》り越す」と記している。越前の朝倉義景といえば、将軍義昭にとっては、二年間も世話になった恩人ではないか。朝廷から見ても、決して朝敵として追罰すべき戦国大名ではないはずである。

この年の七月十日、信長は、毛利元就に覚書を送って近況を報せているが、その中に次のように書いている（信長文書二四五）。

「若狭の国端《くにはし》に武藤《むとう》（友益《ともます》）と申す者、悪逆を企つの間、成敗《せいばい》致すべきの旨、上意として仰《おお》せいださるの間、去る四月二十日出馬候」

つまり信長の出陣の目的は、若狭の武藤討伐であり、将軍の上意も天皇の勅命もそのためのものということになる。さらに文は続く。

「かの武藤、一向に背かざるのところ、越前より筋労（圧力のことヵ）を加え候。遺恨繁多に候の間、直ちに越前敦賀《つるが》郡に至て発向候」

武藤を操っているのが朝倉義景だとわかったので、すぐに越前に馬首を転じたという。しかし、考えてみれば不思議である。武藤ごときを討つのに、三万もの大軍など必要としない。これは、明らかに反抗的な武藤という小者を利用して上意および勅命を受け、言いがかりをつけて不意に朝倉氏を攻める、という信長のプランだったのではなかろうか。

金ヶ崎の退き口と家康

さて、四月二十日に京都を出陣した信長は、琵琶湖の西岸を北上、二十三日には若狭の佐柿《さかき》城に入った。ここから西に向かえば、武藤のいる佐分利《さぶり》郷である。ところが信長は、二十五日に佐柿城を出るとためらいもなく東へと軍を進め、朝倉の将の守る天筒山《てづつやま》城に攻めかかったのである。

この天筒山城を力攻めにして落とすと、敦賀郡の主城である金ヶ崎《かながさき》城もあっけなく開城した。信長がいざ木ノ芽《きのめ》峠を越して朝倉本拠への決意を固めた時、思いもよらなかった情報が飛び込んでくるのである。義弟浅井長政の離反である。

このままでは挟み撃ちの状態になる。信長は即座に退却を決断する。しかも、進軍してきた西近江路は、浅井氏に属した地域なので避けねばならない。この後に展開されるのが、有名な「金ヶ崎の退《の》き口」、そして「朽木《くつき》越え」である。

信長が金ヶ崎城を退いたのは、四月二十八日の夜であった。少数の旗本だけを率いて南方へと向かった。『信長公記』には、「金か崎の城には木下藤吉郎残しをかせられ」とある。それを受けて、この「金ヶ崎の退き口」は、とかく秀吉単独の手柄として語られがちである。しかし、五月四日付けで、幕府奉公衆一色藤長《ふじなが》が丹波国人に波多野秀治《はたのひではる》に宛てた書状には、次のように書かれている（『武家雲箋』）。

「金ヶ崎城に木藤（木下藤吉郎秀吉）、明十（明智十兵衛光秀《あけちじゅうべえみつひで》）、池筑（池田筑後守《ちくごのかみ》勝正）、その外《ほか》残し置かれ」

つまり、金ヶ崎城に残された殿軍《でんぐん》は、秀吉だけではなかったのである。しかも、『言継卿記』によれば、京都を出陣した時の池田勝正の軍は三千ほどもあったというから、この軍が主力を成していたと思われる。「金ヶ崎の退き口」について、一般の認識を改める必要があるだろう。

朽木越えの道をとるにあたって、朽木谷の旧族朽木元綱《もとつな》の向背《こうはい》が大きなカギだったが、浅井氏の勢力は朽木谷のほうまでは浸透していなかったようである。元綱は信長を歓待して、無事に通してくれた。こうして信長は、三十日の深夜、なんとか京都に帰り着いたのだった。

ところで家康は、この越前遠征に従軍したはずなのだが、戦いの中でどのように活躍したのだろうか。

『松平記』および『三河物語』では、金ヶ崎から信長が退陣する時、家康に知らせずさっさと引き上げてしまった、それで殿軍を務めた秀吉と一緒になってなんとか軍を引いた、ということになっている。

しかし、こうした記述は、後に述べる姉川の戦いと同じく、家康の活躍を意図的に宣伝したものだろう。徳川氏創業史以外には、そのようなことを書いているものはない。その話をさらにふくらませて、秀吉と一緒に殿軍を務めたなどと書かれたものも見られるが、作り話である。ただ一つ、信憑性の高い史料で、徳川軍の活躍ぶりを書いたものがある。池田家本『信長記』の天筒山城攻撃の場面である。

「徳川家康公南大手之口より攻入り候。諸手我も我もと乗入れここかしこにて思い思いの働きあり」

天筒山城での戦いがこの遠征の唯一の激戦であることを思えば、家康軍の活躍は、十分に信長の期待に応えたものと評価できようか。

姉川の戦い

浅井長政の離反は、信長にとって大きな痛手だった。このためにせっかく掌握した近江が離れてしまったのである。甲賀《こうか》郡に逼塞していた六角氏も浅井氏に呼応して琵琶湖近くまで進出してきた。信長は湖南に宿将《しゆくしよう》級の部将を配置することにより、とりあえず京都―岐阜の通路を確保し、あらためて近江の再平定にとりかかった。目標は北近江、浅井氏の小谷城である。

六月中旬、岐阜に朗報が届いた。北近江の有力国人の堀秀村《ほりひでむら》が、浅井氏に背いて信長に投降するというのである。十九日、信長は岐阜を出陣、二十一日、小谷城の南方の虎御前山《とらごぜやま》に着陣した。

信長が小谷城を見たのは、これが初めてだったのだろう。琵琶湖からの比高約三〇〇メートルの山上にある要害である。すぐに攻め切れる城ではない。長期戦を覚悟した信長は、そのための足掛かりの城として、南方約九キロメートルの位置にある横山城にねらいを定めた。

二十二日、信長軍は一斉に南へ向かって動いた。小谷城から軍勢が出て後を追った。信長軍は追撃を振り切って姉川の南岸龍ヶ鼻《たつがはな》にとどまった。そこを本陣にして、横山城攻めが始まる。

やがて徳川家康が五千ほどの兵を率いて合流した。ところが、浅井方にも強力な援軍が到着した。いうまでもなく朝倉軍である。朝倉景健《かげたけ》を主将とする約八千の軍勢だった。ここで浅井長政は総軍を率いて小谷城を出、朝倉軍に合流した。そして、横山城の後巻《うしろま》きのため、大依山《おおよりやま》まで進んだ。

二十七日の夜、浅井軍は密かに南へと動き、野村に移陣した。それに引きずられるかのように、朝倉軍も三田村に移動した。浅井軍が攻撃を仕掛ける態勢をとった、と見てよいだろう。この時最も決戦を望んだのは、浅井長政にほかならなかった。信長を裏切った以上は、彼を倒すか、さもなくば滅亡しかない。姉川の戦いが戦国でもあまり例のない典型的な遭遇戦になったのは、長政が主導した結果だったのである。

戦いが始まったのは二十八日の朝からである。『信長公記』に「卯刻《うのこく》（午前六時頃）とあり、これを取り入れる本が多いのだが、信長自身がしたためた文書（『津田文書』『毛利家文書』）には「巳刻《み》（午前十時頃）」と書かれている。ここは、一次史料である後者を採るべきであろう。浅井軍は織田軍に、朝倉軍は徳川軍に、それぞれ姉川の浅い流れを隔てて真正面に位置する敵陣に攻めかかったのである。

朝倉軍八千、浅井軍六千、合わせて一万四千ほど、徳川軍は約五千といわれる。どういうわけか織田軍の兵力を明記した史料がない。だが、推測では、二万余りといったところだろう。ただ、そのうちの一部は、横山城攻めに割かれている。それでも、兵力上は織田・徳川連合軍のほうがかなり優勢だったことはまちがいない。

戦いの展開については、関係文書や日記など一次史料にはもちろん簡単な記述しかない。『信長公記』も、次の通りの短い文で終わっている。

「卯刻、丑寅《うしとら》（北東）へむかって御一戦に及ばる。御敵《おんてき》（朝倉・浅井軍）もあね川へ懸《かか》り合い、推《お》しつ返しつ散々に入りみだれ、黒煙立て、しのぎをけづり鍔《つば》をわり、ここかしこにて思い思いの働きあり。終《つい》に追崩し、」

『（甫庵《ほあん》）信長記』には、戦いの様子が詳細に語られている。しかし、このような戦記の記事が史実に即していないことは、いまさら言うまでもあるまい。また、『松平記』『三河物語』などの徳川氏創業史で共通していることは、織田軍が浅井軍に攻め込まれて危うかったが、横合いから徳川軍が槍を入れて救った、という記事である。そうした記事が、意識的に家康を顕彰したものであることは明らかであろう。

しかし、この戦いにおける浅井長政の意気込みが、信長・家康や朝倉景健などと一段違っていただろうことは、戦いの始まりを見てもわかる。そうした主将に率いられた浅井軍が敢闘したということはまちがいないだろう。

浅井軍の敢闘があったにせよ、戦いの帰趨が明らかになるまで、それほどの時間はかからなかった。結局、兵力に勝る織田・徳川軍によって朝倉・浅井軍は切り崩され、北国脇往還を北に向かって逃げた。織田・徳川軍はそれを追って、小谷城近辺まで追撃した。

こうして姉川を挟んでの遭遇戦は、織田・徳川軍の勝利となって終わったのだが、この戦いは、決して朝倉・浅井氏に致命的なダメージを与えたものではなかった。この後、信長と朝倉・浅井氏との戦いは、三年余りも続くのである。

信長苦闘の元亀元年

元亀元年（永禄十三　一五七〇）という年は、信長にとってまさに苦闘の連続であった。すでに話したが、四月には越前遠征の失敗があり、六月には姉川の戦いがある。さらにその後も、苦闘が重なるのである。

七月、三好三人衆・三好康長《やすなが》ら三好一党の軍勢が阿波より渡海し、摂津野田・福島に砦を築いて畿内の回復をねらった。八月、信長は将軍義昭の求めに応じて出陣し、敵城を囲んだ。

ところが、勝利が間近と思われた時、すぐ近くに位置する本願寺が突然敵対して、信長本陣に攻撃を仕掛けてきたのである。思わぬ事態にたじろぐ信長の陣に、朝倉・浅井軍南下の注進が来た。信長は、急遽《きゆうきよ》南方陣を切り上げて上京した。

朝倉・浅井軍は比叡山上に陣を張る。信長は麓をびっしりと取り囲んだ。十月二日付けの遊佐《ゆさ》宛て信長書状によれば、家康も同陣している。この年三度目の西方への出陣である。

この「志賀の陣」と呼ばれる睨み合いは、三カ月近くも続く。朝倉・浅井方は近江の一向一揆も味方にしており、もし思い切った作戦に出てきたならば、信長といえども危ういところであった。信長の数多くの戦歴の中でも、一番危機に直面した戦いといえるのではなかろうか。そうした危機を救ったのは、ひとえに敵将朝倉義景と浅井長政の優柔不断だったと言ってよいだろう。

長陣に本国方面のほうも気になった信長は、将軍と天皇両方を動かして十二月に講和を結び、この危機を乗り越えた。しかし、信長にとって、講和が終わっても許せない相手がいた。比叡山延暦寺である。延暦寺は、朝倉・浅井方に付いた。信長が中立を呼びかけても無視した。そればかりではない。講和の時も、将軍や関白の調停に異議を唱え、綸旨《りんじ》まで請求したのである。思い上がった坊主ども——信長はそう感じたにちがいない。

翌年九月十二日、有名な比叡山焼き討ちが決行される。どちらかというと、山上よりも坂本の町が多く焼かれたようだが、山科言継の証言によると、十五日まで比叡山上で火の手が見えたという。この信長の焼き討ちによって、延暦寺と日吉《ひよし》神社は殲滅《せんめつ》されて、秀吉が復活させるまでその存在すら消されてしまったのである。

元亀年間は、信長にとって苦闘の時期といえるのだが、その始まりである元亀元年は、十二月に至るまで冷や汗続きの一年だったといえる。

第五章　武田信玄との戦い

一　信長包囲網の形成

信長包囲網について

元亀三年（一五七二）になっても、信長は二度小谷《おだに》城攻めを行っている。一度目は三月。近江・越前の境界に近い余呉《よご》・木ノ本《きのもと》辺りを放火して浅井氏だけでなく朝倉氏をも挑発したが、空振りに終わった。二度目は七月。なんと総勢五万といわれる大軍をもって小谷城を囲んだのである。

この時のいくさは、嫡男信忠《のぶただ》の初陣《ういじん》という祝い事を兼ねていた。しかし、そればかりではなかった。信長には、次第に圧力になりつつある「信長包囲網」を打開するための方策として、まず朝倉・浅井氏をたたくという作戦があったものと思われる。小谷城を強攻すれば朝倉軍が駆けつける。そのチャンスをとらえて、朝倉・浅井軍に決戦を挑む。信長には、そのようなプランがあったのではなかろうか。

たしかにこの頃、反信長勢力による包囲網はかなり広がっていた。本願寺は再び信長に敵対の姿勢を明確にした。畿内の守護たちや近国の国人たちもほとんどは信長から離れて動いている。それに加えて、将軍義昭との関係もかなりこじれてきている。

中でも本願寺顕如《けんにょ》と朝倉・浅井は、常に連絡をとって情報を交換していた。しかし、包囲網に属する者は多数を数えるものの、軍事的に信長に対抗できるのは、朝倉・浅井氏ぐらい。彼らとても、積極的に南下して立ち向かえるほどの力はない。

元亀三年の秋、彼ら包囲網の面々にとって希望の星が現れた。甲斐・信濃・駿河三国を支配下に収め、さらに前年北条氏との甲相同盟を復活させて、西方に領国を広げようとしている武田信玄である。彼なら信長に対抗できる軍事力がある。特に信長のために存亡の危機に直面している本願寺や朝倉義景・浅井長政が、信玄に強い期待を寄せた様子である。

十月三日、信玄は甲府を出陣した。二万余の軍勢といわれる。信濃に入り、伊那路を経て遠江に軍を進めた。そして、徳川方の二俣城を囲んだのである。信玄自ら指揮する本隊のほか、別働隊として秋山虎繁の部隊が東美濃へと向かった。その目標は信長方の岩村城。ここでいよいよ織田・徳川対武田という図が明確になるのである。その後、三方ヶ原《みかたがはら》の戦いが展開されるのだが、それについては後に述べることにして、ここでは、先にその後の信長包囲網の盛衰をたどっておこう。

十二月二十二日、三方ヶ原の戦いで信玄は、織田援軍を加えた徳川軍を撃ち破る。そして、年が明けるや三河に入り、野田城を囲んだ。二月中旬にここを落としたのだが、武田軍の進軍はここで終わった。そこから軍を返した信玄は、途中の信濃駒場で病死するのである。

武田軍が退却の途についたとも知らず、二月下旬に義昭は打倒信長の兵をあげた。信長は軍を派遣して簡単にこれを鎮圧した。三月二十九日、信長は上洛し、洛中・洛外に放火する。義昭に対する脅しである。放火しながら信長は、義昭との和睦交渉を行った。そして、最後は天皇をも動かして和睦を成立させた。

義昭が直接に信長の軍事攻撃を受けるという事態になったというのに、朝倉も浅井も動かなかったし、すぐ近くにいる畿内の味方も、一人として援軍として駆けつけなかったのである。信長包囲網といっても、その実態はこの程度のものであった。

信長と将軍義昭

一般には、信長包囲網の中心人物は将軍足利義昭とされている。では、義昭・信長両者の関係が決定的に破綻した時期、具体的に言うと義昭が敵と通じて信長を倒そうとした時は、いつごろからなのだろうか。それを検討するにあたって、ひとまず永禄十一年（一五六八）九月の上洛以後の二人の関係を示す事柄を列記してみよう。

①永禄十一年十月二十四日、義昭、御内書の宛名を「御父織田弾正忠殿」とする。
②永禄十二年正月十四日、信長、殿中掟《でんちゅうおきて》九カ条を定める。十六日、追加七カ条を定める。
③永禄十二年四月二十一日　義昭、岐阜に帰る信長を二条御所の門外に立って見送る。

④同年十月十九日、義昭と信長の意見が衝突したため、信長が突然帰国する。
⑤永禄十三年（元亀元年）正月二十三日、信長、五カ条の条書を定め、義昭がそれを承認する。
⑥同年三月一日、信長、参内する。朝廷から天下静謐執行権を認可されたと思われる。
⑦同年九月、摂津野田・福島攻めに、信長・義昭が同陣する。
⑧同年十二月、信長の依頼により、義昭、朝倉・浅井との和睦を仲介する。
⑨元亀三年三月、義昭、京都の信長邸の建設に乗り出す。
⑩同年四月、義昭、信長の河内高屋《かわちたかや》城攻め応援のため、幕府奉公衆の軍勢を出す。
⑪同年九月、信長、義昭に対し、十七カ条の意見書を提出する。

研究家によっては、②で早くも両者の対立が芽生え、⑤で決定的になった。だから、⑥の後に行われた越前遠征の時、義昭はすでに朝倉義景と通じて打倒信長を企んでいた、などと述べている方もいる。しかし、それはどう考えても早すぎるだろう。なぜかというと、まず、②の内容は当然といった事項ばかりで、信長がことさらに将軍や側近たちを縛ろうという意図は感じられない、ということ、次に、⑧の和睦の時、朝倉義景は将軍義昭を信長方として考え、中立扱いさえしていない、ということである。二人の間にある溝は深まってきたにせよ、決定的対立に至るのはもっと先のことであろう。

これまで義昭が反信長の動きを表した証拠として、『大日本史料』第十編をはじめ、各書に紹介されてきたのは、次の史料である。

a（元亀二年）五月十七日付け、松永久秀家臣岡周防守《すおうのかみ》（国高《くにたか》）宛ての武田信玄書状中の文言。「そもそも公方様《くぼう》（義昭）信長に対され御遺恨重畳《ごいこんちょうじょう》ゆえ、御追伐のため御色を立てらるの由に候条」（『荒尾文書』）

b（元亀三年）五月十三日付け、義昭、信玄に御内書を発し、その忠節を褒《ほう》した後に続く文言。「きっと行《てだて》に及び、天下静謐の馳走油断あるべからずの事専一《せんいつ》に候」（『大槻文書』）

つまり、義昭は元亀二年五月の時点で、信玄など諸国の大名たちに打倒信長を呼びかけている。そうなると、先にあげた⑨・⑩の動きなどは、まさに二人が一年間も大茶番劇を演じ続け、当時の人々だけでなく後世の人たちをも欺いた、ということになろう。

ところが最近、鴨川達夫氏が新たな見解を発表した。a及びbの文書は、いずれも元亀四年、つまり信玄が死んだ後に発給されたものである、という説である。そして同氏は、三方ヶ原の戦いが終わり、元亀四年が明けても、義昭の打倒信長の決心がなかなか固まらなかった、と述べている。確かに、（元亀四年）二月二十六日付けの勝興寺《しょうこうじ》宛て浅井長政書状（『勝興寺文書』）には、「将《まさ》に又当月十三日公方様御色を立てられ」と書かれており、義昭が反信長方の立場を明確にしたのは、二月も半ばになってからだったことがわかる。

信長包囲網の中心人物

では、信長包囲網の実態を再確認するにあたって、あらためて包囲網の最終的顔ぶれを見てみよう。

Ａ将軍足利義昭

Ｂ本願寺顕如―元亀元年九月に敵対。以後、信長とは戦争状態と講和を繰り返す。元亀元年十二月、志賀の陣の終了の時に講和したと思われるが、翌年あたりから再び対立状態になる。同三年八月には確実に敵対している。

Ｃ朝倉義景・浅井長政―これまで述べてきた通り、信長とは元亀元年四月から何度も戦いを繰り返している。浅井氏の小谷城は、元亀三年にはかなり追い詰められた状態になっている。

Ｄ畿内の守護たち―河内守護三好義継、大和支配者松永久秀、摂津守護池田知正《ともまさ》、同じく伊丹忠親など。元亀四年三月の段階では将軍方に付いて、信長を敵とした者が多い。この動きは、おそらく義昭の決起に合わせたものだろう。

Ｅ丹波の国衆―赤井《あかい》直正《なおまさ》・内藤《ないとう》如安《じょあん》たち。義昭と信長が衝突した時には、義昭方に付いている。

Ｆ武田信玄

これまで述べてきた通り、信長包囲網をプロデュースした中心人物は、Ａ将軍義昭ではありえないし、無論Ｆ武田信玄でもない。以前より信長と対立し、存亡の危機にあった者である。そう考えると、思い当たるのはＣ朝倉義景とＢ本願寺顕如あたりであろう。おそらく正室が信玄室の妹であり、かつ朝倉氏とも姻戚関係にある顕如ではなかろうか。彼が畿内・近国に同志を募る、最後に信玄及び将軍に呼びかける、という筋書きだったのではないだろうか。

信玄西上の目的

この時の信玄の西上の目的についても、論議の対象になっている。つまり信玄は、果たして一気に上洛するつもりだったのだろうか、というのが論議の中心である。この問題については、これまで多くの論考があり、まとめると次の三説に分かれている。

一、上洛が目的である（渡辺世祐・奥野高廣・小和田哲男・柴辻俊六ほか）

二、遠江・三河の確保が目的である（高柳光壽・須藤茂樹）

三、打倒信長が目的である（磯貝正義・染谷光廣・鴨川達夫・本多隆成）

まず二は、考えにくい。なぜかというと、秋山虎繁が指揮する別働隊が東美濃を衝いているのは、単に三河方面への牽制とは思われないからである。それに、信玄が遠江を平定しようと考えていたならば、なぜ三方ヶ原の戦いの勝利の後、浜松城をそのままにして西方へ向かったのか不可解である。

一については、一般向けの本ではとかく採用されがちであり、そのように信じている読者が多いのではないかと思う。しかし、考えてみれば、二万余の軍勢で京都まで進むのは不可能ではなかろうか。第一、長く延びた兵站《へいたん》線をどうするつもりなのだろうか。

信玄が味方である朝倉義景に宛てた書状の中に、「信長に対し当敵として干戈《かんか》を動かし候」（『古今消息集』）、「この節信長滅亡の時刻到来候」（『伊能文書』）という文言があるから、信長を打倒する覚悟だったことはまちがいない。ところがその一方、同人宛ての別の書状で「来年（元亀四年）五月に至り、御張陣《ちょうじん》の事」と書いており、信長と決戦した後に体制を作り直して上洛する計画だったように思われる（『徳川義親氏所蔵文書』）。

つまり信玄は、そのまま上洛する予定ではなかった。だから武田軍は、たとえ勝利を重ねたとしても、畿内どころか近江に進軍することはなかったであろう。信玄は、尾張・美濃を舞台として信長と決戦することを計画していたと思われるのである。

二　三方ヶ原の戦い

武田信玄の出陣

信玄が甲斐躑躅《つつじ》ヶ《が》崎館《さきやかた》を出陣したのは、元亀三年の十月三日だった。信濃に入り、伊那路を経て遠江に軍を進めた。二万余の軍勢といわれる。このほか別働隊として、秋山虎繁の軍が東美濃の岩村城を目指した。

遠江に入った信玄は、徳川方の二俣城を攻める。二俣城は、天竜川とその支流二俣川に三方を囲まれた要害である。二カ月もかかって、十二月十九日にようやく開城させた。

この間、信長はどうしていたのだろうか。九月のうちに近江横山城より岐阜城に戻り、将軍義昭に宛てて十七カ条の意見書をしたためた。その後も岐阜を動いた様子はない。しかも信長は、十月三日に信玄が西へ向かって甲府を出陣したことをしばらく知らなかった。十月五日付けで、信玄に対して懇切丁寧な書状を送り、信玄と上杉謙信との講和の仲介のため骨を折っていることを語っているのである。この時ばかりは、信長はまんまと信玄に出し抜かれたのであった。

　信長が信玄の出陣を知ったのは、二俣城攻防戦が始まる直前頃だっただろうか。秋山率いる別働隊は早くも岩村城に迫っていた。あわてて異母兄の信広《のぶひろ》と河尻秀隆《かわじりひでたか》を岩村に派遣したものの、十一月十四日にあえなく開城してしまった。

　出し抜かれた信長の信玄に対する怒りたるやすさまじい。次に引用するのは、上杉謙信に宛てた十一月二十日付けの書状中の一節である（『歴代古案』）。

「信玄の所行《しょぎょう》、まことに前代未聞の無道《むどう》といえり。侍の義理を知らず、ただ今は都鄙《とひ》の嘲弄《ちょうろう》を顧みざるの次第、是非なき題目にて候」

「永く儀絶（義絶）たるべき事もちろんに候」

「未来永劫を経候といえども、再びあい通じまじく候」

　信長は、執念深い男である。二年半もたってから長篠《ながしの》の戦いで武田軍を破った後にも、次のように家臣長岡（細川）藤孝に申し送っている。

「信玄入道表《ひょう》裏《り》を構え、旧恩を忘れ、恣《ほしいまま》の働き候いける」。因果応報、ざまあみろ、というわけである。

三方ヶ原の戦い

十二月十九日、ようやく二俣城を攻略した武田軍は、南下を続けた。そのまま行けば、家康の居城浜松城である。家康も信玄が城に攻めかかると見て、籠城の準備を済ませた。信長からの援軍、佐久《さく》間《ま》信盛《のぶもり》・平手《ひらて》汎秀《ひろひで》・水野《みずの》信元《のぶもと》も城に入っていた。家康軍約八千、信長の援軍は約三千、合せて一万一千ほどといわれる。

二十二日、武田軍は浜松城に迫ってきたが、城まで六〜七キロメートルといったところで西に向きを変え、三方ヶ原の台地を上りはじめたのである。明らかな誘い出し作戦だった。信玄は、信長の援軍が浜松城に来ていることばかりでなく、その兵力が三千余であることさえも知っていた。信長の援軍を受けている以上、必ず追撃すると読んでいたのである。

城に攻めかかるものと覚悟していた家康は面食らった。しかし、このまま信玄の大軍を西方へ通過させてしまうわけにはゆかなかった。それは無論、徳川氏創業史の類いに書かれているように、居城の前を通過されるのを潔しとせず出陣した、などという心情的なことではない。

第一には、信玄が読んでいたように、信長の援軍がいたことである。だいたい援軍三千というのが少なすぎる。佐久間は織田軍の最有力部将、平手は織田家代々の家老の家柄、水野は尾張から三河にかけて勢力を広げている水野一族の惣領《そうりょう》。その三将の兵が合せて三千とは信じられない。信長は、彼らの与力《よりき》である尾張の兵を尾張あるいは美濃の守備に回し、手勢《てぜい》だけを付けて浜松に派遣したのだろう。家康を監視、時には指示して信玄と戦わせ、できるだけ時間稼ぎをさせる。それが彼らの任務だったのではなかろうか。

第二には、遠江・三河の国衆たちの今後の帰趨である。彼らは、かつて今川氏に従っていた者が多いが、その滅亡後は武田・徳川の勢力の接点で常に揺れ動いていた。ところが、今度の信玄の侵入を機会に大半が武田方になってしまったのである。もしこの時、家康が信玄との戦いを避けたならば、彼らは武田方として定着してしまう。勝敗はともかく、武田と戦うという姿勢だけは示しておかねばならない。

兵力的にははるかに劣る家康軍だが、居城に近い場所という地の利はある。敵が台地に上ったのだから、そこから下りる時に追撃すれば勝機は十分にある。家康は、武田軍が三方ヶ原台地に上ったのを見て、出撃を命令したものと思われる。

実は、三方ヶ原の戦いがどのように展開したかについて書かれた良質な史料は皆無なのである。『信長公記』の記述が簡単なのはしかたがないが、徳川氏創業史の中で比較的良質といえる『松平記』や『三河物語』でさえも、戦闘の展開についてはわずかしか述べていない。確実なことは、戦闘が午後四時頃から始まったこと、台地の中で行われたこと、武田軍の足軽たちが礫《つぶて》を投げることから戦いが始まったこと、短時間で徳川軍が崩れ立ったこと、以上四点である。

冬の午後四時といえば、すでに日は暮れている。薄暮の中の戦いだったのである。台地の中で戦いが行われたということは、武田軍は台地を下りずに徳川軍を待ち受けていたのだろう。追い迫る徳川軍に武田軍から礫攻撃をかけるところから戦いは開始された。

基本的には兵力の差といえるだろう。それに加えて動きを読まれてしまっては、家康のほうにもう勝ち目はなかった。総軍はたちまちに崩されて、家康はほうほうの体《てい》で浜松城に逃げ込んだ。戦いの後の二十八日に信玄が朝倉義景に送った書状（『伊能文書』）や『当代記』には、徳川・織田軍の千余人が討ち死にしたとある。それに近いほどの被害はあったかも知れない。信長からの援軍の将平手汎秀も、ここで討ち死にしている。

戦いの後の信玄

三方ヶ原の戦いに完勝した武田信玄は、台地の西麓の刑部《おさかべ》で年を越す。年が明けて三河に入り、野田城を囲んだ。長篠城の西方にある小城である。

野田城の開城は二月中旬。その小城を落とすのになんと一カ月も費やしたことになる。もう信玄の病状は相当に進んでいる。死期の迫った身体をだましだましの軍事行動なのだから、進軍に時間がかかるのはわかるのだが、先の二俣城攻めといい、城攻めにこれほど手間取るのは、武田軍の攻撃力が決して圧倒的ではなかったということだろう。

野田城を攻略したところで、信玄の体力は尽きた。ここを西限として、武田軍の退却が始まる。三《さん》州《しゅう》街道を北上して信濃に入ったが、四月十二日、伊那郡駒場で生涯を閉じることになるのである。

病名は肺結核とも癌とも推測されているが、長年患っていたもののようである。

さて、信玄の死によって、信長はひとまず危険な状態から抜け出すことができた。先に推測した通り、この時の信玄の西上は上洛を目指したものではないようだが、信長との決戦を覚悟していたのはまちがいない。信玄の目標は岐阜。信長のほうはその前に防御線を作るから、決戦は木曽川以南になったはずである。信長は、できるだけ総軍を美濃に集結させて、武田軍を待っていたものと思われる。仮に信玄の寿命が尽きず、織田・武田の決戦が行われていたら、どのような結果になっただろうか。大いに歴史ファンの興味をそそる課題である。

しかし、織田軍は当時五万余の動員が可能である。数カ月の遠征を経てきた二万余の武田軍では勝負になるまい。信玄もそれを承知していたから、朝倉・浅井軍に近江で牽制させようとした。また、美濃の国衆安藤・遠藤にも働きかけた。しかし、朝倉義景はさっさと越前に引き上げてしまったように、思い通りに事が進んだ様子はない。従って、信玄がもし生きていたとしても、信長を相手に勝利した可能性は極めて低かったと思う。

ともかくこの時に信玄が死んで武田軍が引き上げたことによって、信長は、信長包囲網を打ち破り、元亀四年という年を一気に希望の年天正元年へと変えてゆくのである。

三　天正元年の幕開け

将軍追放

将軍義昭との和睦が成ったとはいっても、二人の間はこれで解決したわけではない。第一、信玄がすでに死んだとは知らない義昭は、なおも打倒信長を画策して信玄に御内書を発給している。信長としては、まだしばらくは将軍としてとどまってほしい存在だからこそ、我慢して講和へと持ち込んだのだが、このように反抗的態度が続くのなら我慢も限度があろう。

義昭が再び立ち上がったのは、七月三日のことであった。幕府奉公衆の三淵藤英《みつぶちふじひで》に二条御所を守備させ、自らは南山城《やましろ》の槙島《まきしま》城に立て籠もったのである。信玄の死はもう知っていたはずだが、畿内の大多数の者が味方となり、朝倉・浅井軍もすぐに駆けつけてくれると見込んだのだろう。

将軍挙兵の情報を受けると信長は、まず先陣を出陣させ、自分はあらかじめ佐和山《さわやま》に用意しておいた大船に乗って一気に坂本に渡航した。二条御所を守っていたのは、三淵たち義昭の側近のほかは、武家昵近公家衆《ぶけじっきんくげしゅう》ばかりである。もとより抵抗できるはずがなかった。

十八日から信長の軍は、槙島城に攻めかかった。義昭は早くも翌日に降参し、敗軍の将として信長の眼前に引き据えられることになる。信長は義昭を京都から追放することを決めた。義昭はまず枇杷《びわ》の庄《しょう》に入り、次いで三好義継の若江《わかえ》城に移った。

信長はなぜここで義昭を殺さなかったのか、という疑問がよくなされる。しかし、この時の信長には、義昭を殺すなどという選択肢はなかったと思う。それは「世間」の思惑への配慮ゆえである。信長ぐらい「世間」の思惑＝世論を気にした為政者はいない。義昭に突きつけた異見書《いけんしょ》の写しを方々に配って、自分の正義を広く認めさせようとしたのもその表れだが、京都の町民の心情についても常に気にしている。彼がしばしば用いている「天下」の語も、「世間」と言い換えられる使い方が多い。例をあげると、「天下の褒貶《ほうへん》」「天下の面目」「天下の嘲弄」「天下の覚え」「天下の取り沙汰《ざた》」といったフレーズである。また、「外聞《がいぶん》」という語もよく用いている。このような信長が将軍の命を取るという「非道」を行って、「天下」のそしり、「外聞」の悪さを招くことはありえなかったのである。

朝倉・浅井氏の滅亡

将軍義昭を追放した信長は、朝廷に改元を奏請する。以前より「元亀」の年号は不吉として義昭に改元を奏請するよう求めていたのだが、義昭が先延ばしにしていたのである。早くも七月二十八日、年号は「天正」と改められた。元亀四年（一五七三）は、飛躍の年天正元年に変わる。元亀年間の苦闘の最大の要因というべき朝倉・浅井氏との戦いに、ついに決着をつけることになる。

岐阜に帰陣していた信長は、八月八日の夜、俄《にわ》かに出陣する。小谷城の支城山本山《やまもとやま》城の阿閉貞征《あつじさだゆき》が降参してきた、という注進が入ったからである。今度こそ浅井長政と決着をつける覚悟であった。

十日、信長軍は小谷城をびっしりと包囲する。主立った部将たちを総動員した、五、六万ほどの大軍だった。

信長の軍が布陣してまもなく、朝倉軍が北近江に入ってきた。そして、いつも通り、余呉・木ノ本近辺に着陣した。朝倉義景自ら指揮した軍勢だったが、その兵力はおそらく五、六千にすぎず、小谷城を余す所なく囲んでいる織田軍を見て、一歩も進めない状態だった。

十三日の深夜、朝倉軍は戦わずして退却を開始した。信長はそれを読んでいた。すぐに追撃にかかる。この追撃戦で朝倉氏の主立った部将の多くが討たれた。織田軍はその勢いで木ノ芽峠を越し、朝倉氏の本拠地一乗谷へと攻めかかった。朝倉義景は、越前の奥大野《おおの》郡にまで逃れたが、一族の景鏡《かげあきら》の裏切りにあって切腹した。時に八月二十日、朝倉孝景《たかかげ》が斯波《しば》氏に代わって越前の守護になってから五代、朝倉氏の滅亡であった。

信長は、朝倉の旧臣で前年より信長に降っていた前波吉継《まえばよしつぐ》(桂田長俊《かつらだながとし》)を守護代として一乗谷に留め、すぐに近江に軍を返した。まだ浅井氏の始末が残っている。

頼みの朝倉氏はすでにいない。小谷城はもはや裸城の状態である。郭《くるわ》が次々と占領され、父久政《ひさまさ》が自害しても、当主長政は頑張ったが、九月一日、ついに力尽きた。切腹前に妻お市《いち》と三人の娘を信長の陣へ送り届けた。信長にとっては、ほかならぬ妹と姪たちである。だが、長政の嫡男万福丸《まんぷくまる》は、捕らえられて殺害された。

反信長方残党の討伐

将軍義昭を追放、長年反抗していた朝倉・浅井氏を滅ぼしたけれど、畿内にはまだ反信長方の残党が大勢いる。恐れるほどの者はいないけれど、これらを平定することも信長に残された仕事であった。反信長方残党のうちの目立った者といえば、大和の支配を任されていた松永久秀・久通《ひさみち》父子、河内半国守護の三好義継といったところであろう。彼らを討伐しなければ、天正元年の飛躍は完結しないのである。

信長が岐阜を出陣し、京都に入ったのは十一月十日である。すぐに佐久間信盛に命じて三好義継の若江城を攻撃させた。若江城には将軍義昭がいるはずである。ところが義昭は十一月五日に堺に移っている。このあたりのタイミングは、明らかに意識的なものだろう。信長は、義昭を巻き添えにしたくなかったのである。

義継は十六日、老臣たちに裏切られた末、切腹して果てる。まだ二十五歳。思えば、幼少にして三好宗家を継ぎ、その後は周囲に流されるばかりの短い人生であった。

若江城を攻略した佐久間は、続いて大和の多聞山城の攻撃に移る。信長は、ここでは佐久間を通じて、久秀父子に降参することを求めた。多聞山城をそのまま引き渡すという条件である。結局、十二月二十六日、久秀は城を開け渡して降参した。

信長はなぜ、若い義継を死に追いやりながらも、老いた久秀の命を助けたのだろうか。それは、久秀に利用価値があると判断した、ということだろう。長年の間に培《つちか》った畿内における久秀の影響力は、まだ一部に強く残っていたはずである。

また、次のことも考えられる。久秀の居城多聞山城は、西日本随一といわれるほどの豪華な城郭である。そして、その中には、天下の至宝と評判の絵画や茶道具などがたくさん保管されていたという。上洛以来、天下の名宝の価値を知った信長である。多聞山城とともにこれらの宝が失われることを惜しんだ、ということも考えられるのではなかろうか。

第六章　長篠の戦い

一　武田勝頼の侵略

家康の長篠城攻略

元亀四年改め天正元年（一五七三）は、信長にとって大きく飛躍した年であった。一方、東方でも、家康が武田氏を相手に巻き返しを見せていた。長篠城の奪還である。では、その背景になっている奥三河の情勢から語ろう。

奥三河、ほとんどが山地になっている設楽《したら》郡には、「山家三方衆《やまがさんぽうしゅう》」と称される土着勢力がいた。田峰《だみね》の菅沼《すがぬま》氏、作手《つくで》の奥平《おくだいら》氏及び長篠の菅沼氏である。彼ら三氏は、今川氏・武田氏・徳川氏の勢力争いの狭間にあって常に揺れ動いていたが、三氏まとまって動くことが多かった。信玄の勢力が徐々に家康を圧迫してゆくとそろって家康から離れて武田方になる。信玄西上の元亀三年には、武田の代表的部将山県昌景《やまがたまさかげ》の与力に編入されていた。

ところが、信玄の死去が噂として伝わった頃、作手の奥平定能《さだよし》が密かに家康に通じたのである。勝《かつ》頼《より》はこの年、七月晦日《みそか》付けで定能と連絡しているが、この時点でもう定能が家康に降っていたことは確実である（『愛知一一』八九六）。元亀四年（天正元年）八月二十日付けで家康は、定能と息子の信昌《のぶまさ》に三河・遠江両国の所領安堵《しょりょうあんど》に加えて新知行《ちぎょう》を与え、さらに娘を信昌に嫁がせることを約束している（『愛知一一』九〇一）。

破格の恩賞だが、この時の家康の状態を思えば、奥平氏の投降は価値あるものだった。それよりも、周囲は皆武田方という状況の中で、よくぞ定能が決断したものである。

しかし、この決断の代償は高いものとして返ってくる。勝頼に人質として出していた定能の二男（信昌の弟）千代丸《ちよまる》と信昌の許嫁《いいなずけ》（一族奥平貞友《さだとも》の娘）お安は、後に殺害されることになったのである。

奥平氏投降に力を得た家康は、七月のうちに長篠城を囲んだ。山家三方衆の一人菅沼正貞《まささだ》の城である。この頃は、正貞は城から離されて、信濃の小笠原信嶺《おがさわらのぶみね》たちが在番衆《ざいばんしゅう》として守備していた。勝頼はさらに山県昌景に後詰《ごづ》めを命じるなど、長篠城救援に動いてはいるが、はかばかしく進まなかったらしい。九月八日長篠城は開城、家康方になってしまった。勝頼は九月十八日付けの穴山信君《あなやまのぶきみ》宛て書状の中で、「無念千万候」と悔しがっている（『愛知一一』九〇六）。奥平の人質殺害が同月二十一日なのは、多分に長篠落城の意趣返しがあるのだろう。

武田勝頼の反撃

天正二年になると、武田勝頼の反撃が始まった。まず一月下旬、信濃方面から東信濃へと軍を出す。

美濃東端の岩村城は、元亀三年の信玄の西上の時より武田の属城になっている。武田軍はさらに南西にある明知《あけち》城を囲んだ。信長は注進を受けて、二月五日に明知城救援のため出陣した。しかし、山道が険しくて難儀している間に、城中で謀反《むほん》が起こり、落城してしまった。

五月には、勝頼は自ら遠江に出陣して、高天神《たかてんじん》城を囲んだ。高天神城は、遠江東部に位置する要衝であり、有力国人《こくじん》小笠原氏助《うじすけ》（後、信興《のぶおき》）が固めていた。勝頼の指揮する軍は一説によると二万五千といい、その意気込みが伺える。

氏助はすぐに浜松に使者を遣わして家康に後詰めを求めた。しかし、家康とて、二万五千ともいわれる武田の大軍に対して戦いを挑む自信はない。信長に救援依頼の使者を送った。

信長は上京中だった。それでも、さほどの時間的ロスはなく注進は届き、信長は五月十六日に岐阜に向けて京都を発った。しかし、問題はその後である。なんと信長の岐阜出陣は六月十四日になってしまうのである。

勝頼は城を攻撃するだけでなく、穴山信君を仲介者として、氏助に和睦交渉を展開している。しかし、条件が折り合わなかったのか、氏助は簡単には開城しなかった。六月に入っても抵抗を続けた。だが、さすがの要害も大軍を前にして、本丸と二の丸が残るだけになってしまった。二股かけた氏助の戦いも、後詰めの軍が来ないのではどうにもならない。六月十七日、とうとう氏助は武田氏に降伏するのである。

信長は十七日に吉田城に入り、そこから十九日に今切《いまぎれ》の渡しまで来たところで、高天神開城を聞き、空《むな》しく軍を戻すことになる。家康はついに浜松から東方へ軍を動かすことなく終わった。信長は、家康に軍資金として革袋いっぱいに詰めた黄金を二個も贈り、岐阜に馬を納めている。

それにしても、なぜ信長の出陣がこれほど遅れたのだろうか。軍を返した直後に、父に同行した信長の嫡男信忠《のぶただ》が身内の者に送った書状の一部を引用して、その理由を探ってみよう（『小川文書』）。

「遠州表《えんしゅうおもて》の儀、即時に利運申し付くべきのところ、高天神城今少し相抱えざるによりて、行《てだて》に及ばず候。無念に候」

後詰めが遅れに遅れたことを棚に上げて、高天神城の開城ばかりを詰《なじ》っているのは感心しないが、この手紙によって、信長が武田軍と決戦を覚悟して出陣したことがうかがわれる。なにしろ相手は二万余の大軍である。しかも前年と違って、こちらが遠征するという不利な立場である。この時の織田軍の動員数についての史料はないが、時間をかけて相当な数を集めたのではなかろうか。武田軍に対する怖気《おじけ》があったのかも知れない。そのため、一カ月近くもの日にちを費やしてしまったものと推測する。

高天神城を武田氏に開城してしまった小笠原氏助についても、ここで少し触れておこう。氏助は武田氏に仕えてそれなりの待遇を受けたが、翌々年には、高天神城を離され駿河に転封《てんぽう》となっている。武田氏のもとでの地位は保証されていたものの、その影響力は大きく低下したと思われる。八年後、武田氏が滅ぼされた時北条氏のもとに逃れ、北条氏政《うじまさ》に保護されて鎌倉に隠れ住んでいた。ところが家康がそれを知り、信長にそれを告げた。当時北条氏は信長と従属的同盟関係にあったから、信長は氏政に氏助を殺すよう命じた。氏助は殺されて、首級《しゆきゆう》は浜松の家康のもとに届けられたという。

江戸時代に成った本では、この小笠原氏助はかなり貶《おとし》められている。例えば『松平記』にある評は、「この人武勇は人に勝《すぐ》れけれども、分別なき人にて」云々といったぐあいである。これは、高天神城攻防戦の翌年の長篠城攻防戦で、後詰め軍の到着まで城を持ち堪えて勝利へと繋げた奥平信昌と比較されるからであろう。

しかし、後に詳しく語ることになるが長篠城の場合、武田軍の包囲が始まってから信長の出陣までわずか十二日、高天神城は四十日ほどかかっている様子である。長篠城の奥平信昌にしても、鳥居強右衛門《とりいすねえもん》による信長出陣の情報が遅れたならば、開城していたかもしれない。ひとえに怖気づいて後詰めに行けなかった家康、いつになくもたもたして後詰めの遅くなった信長のほうに責任がある。遠江小笠原氏は、家康の譜代家臣ではない。味方の助けが遅かったり、敵方から好条件を出されたりした場合は、寝返るのがいわば当たり前なのである。むしろ、四十数日間も籠城に耐えた小笠原氏助を賞賛しておきたい。

二　長篠・設楽原の戦い

長篠城攻防戦

奥三河へ反撃を開始したとはいっても、徳川氏の勢力は武田氏にとても太刀打ちできるものではない。唯一取り返した城が長篠城、唯一降った国人が作手の奥平氏といったところである。家康は、その長篠城にその奥平氏の嫡男、弱冠二十一歳の信昌を入れ置くのである。

勝頼率いる武田の軍勢が三河に侵入したのは、天正三年四月のことである。まず賀茂《かも》郡の足助《あすけ》近辺を放火したというから、東美濃方面から入ったのだろう。軍勢は約一万五千といわれる。

勝頼は、長篠城よりはるか南方の二連木《にれんぎ》城・牛久保《うしくぼ》城、さらに家康が出張してきている吉田城まで軍を進めて放火するなどして家康を挑発する。このいたぶるような攻撃に対しても、家康としては手も足も出せなかった。

五月一日、勝頼は軍を返して、いよいよ長篠城の包囲戦にとりかかった。ここを押さえて、三河進攻の足掛かりにしたかったのである。

長篠城の南方は、寒狭川《かんさがわ》と大野川《おおのがわ》（豊川《とよかわ》）が合流し、絶壁をなしている。だが、北方は山稜《さんりょう》が張り出しているだけで特別の障碍《しょうがい》はない。勝頼は北方の医王寺《いおうじ》に本陣を構え、川を隔てた南方の鳶ヶ巣山《とびがすやま》に付城《つけじろ》を築いて、本格的な攻城戦に入った。

城の北端の瓢丸《ひさごまる》、西端の服部曲輪《はっとりぐるわ》がまともに武田軍の攻撃にさらされた。南端、川に臨む本丸・野《や》牛《ぎゅう》曲輪も、鳶ヶ巣砦からの銃撃を受けた。城方はわずか五〇〇の兵、しかし、必死にこの武田軍の攻撃に対抗して、なんとか持ちこたえたのである。

城将の信昌は二年前、父と一緒に武田氏を裏切って家康に降った。その時、武田氏に人質として出していた弟千代丸と許嫁のお安が殺されている。若い信昌にとって、武田は憎んでも余りある仇敵《きゅうてき》だった。それに今さら降参しても赦されるはずがない、このような意識ががむしゃらな抵抗につながったのかも知れない。

五月十三日夜、北方の瓢丸に武田軍の猛攻が行われた。この曲輪は、沢の岸の上に塀があるばかりで、土居もなかったというから、武田軍を前にしてここまで無事だったのが不思議である。

武田の軍兵はここの塀に鹿の角を引っ掛けて引き倒そうとし、城方は必死にそれを防ごうとする。しのぎ合いの末、塀は破られ、瓢丸は占領されてしまった。西方の服部曲輪も、この時に陥落したようである。

落城が近いことは、誰の目にも明らかだった。信昌がたとえ意地で固まっていたとしても、一万を超す大軍の包囲の中、いつまでも籠城を続けられるものではない。しかし、現在の主君家康が後詰めに駆けつけたとしても、とても武田軍に対抗できる兵力はない。たった一つの希望、それは信長が大軍を率いて救援にやってくることであった。

十四日、信昌は意を決して城兵たちに尋ねた。城を抜けて織田軍の援軍を確かめてくる者、誰かあるか、と。鳥居強右衛門《すねえもん》という軽輩の家臣が進み出た。その夜、彼は早速城を抜け出し、敵陣をくぐり抜けて西へと向かった。この鳥居強右衛門の話は有名だが、良質の史料には載せられていない。しかし、彼の磔《はりつけ》の図を描いた「落合左平次指物《おちあいさへいじさしもの》」もあるし、実際にあった話であることは疑いない。

彼は直接信長に会いに行ったわけではない。信昌の命令で、その父定能に会おうとしたのであろう。それにしても、まっすぐに岡崎に向かったのは、城方がきちんと情報をつかんでいたからだろうか。信長が岡崎に到着しており、定能も家康に従って岡崎に信長を迎えに行っていた時だったのである。まったく無駄のない行動だった。

十五日、岡崎で定能に面会した強右衛門は、定能に伴われて信長に拝謁する。信長の出陣さえ確かめれば、自分の用事は済んだ。すぐに帰途についたが、その日の夜、城を目の前にしたところで彼は、敵の手に捕らえられてしまった。

「信長公は岡崎まで御出馬あるぞ。城、堅固に持ち給え」

信長の出馬はない、早く城を開け渡したほうがよい、という台詞《せりふ》を敵に強要されながらも、強右衛門は磔台の上からこのように叫んだという。そして、城兵たちが歓声をあげる中、槍に刺し貫かれて絶命した。

長篠城の籠城といえば、この鳥居強右衛門の命を賭けた伝令が最大の華になっている。しかし、二十日間籠城を続けた奥平信昌の勇戦を無視してこの戦いを語ることはできないだろう。

信長の出陣

『松平記』によると、家康から信長への援軍依頼は五月十日発の早馬だったという。しかし、五月十一日付けで信長が熱田社《あつたしや》祝師（祝史《はふり》）に宛てた書状の中で、「近日三州《さんしゆう》表に至り出張」と言っているから、もう少し早かったようである（『愛知一一』一〇九一）。あるいは、前年の高天神城の苦い経験を思い、早めに準備していたのかもしれない。

信長が岐阜を出陣したのは、五月十三日である。嫡男の信忠も一緒だった。翌十四日、岡崎に進む。浜松から家康が迎えに来ていた。翌日も滞在したのは、作戦について打ち合わせたのだろうか。『甫庵信長記』などの日付けに従えば、この日に鳥居強右衛門の来訪を受けたわけである。

岡崎滞在中の五月十五日付けで信長は、長岡藤孝に書状をしたためて出陣と岡崎着陣を伝え、明日敵陣近くまで押し出す予定であると述べている（信長文書五〇九）。この書簡や『多聞院日記』の記事により、長岡や筒井のもとにいる畿内の鉄砲隊が東へと下ったことがわかる。

藤孝には十六日に敵陣近くまで行くと言っているが、信長の行程を追うと、十六日宝飯《ほい》郡牛久保城、十七日設楽郡野田原に野陣《のじん》という歩みである。長篠城が危機に瀕しているというのに、案外ゆっくりした進軍といえる。

十八日早朝、信長は極楽寺山《ごくらくじやま》に本陣を置いた。信忠は新御堂山《にいみどうやま》、家康は高松山《たかまつやま》にそれぞれ着陣した。家康軍はせいぜい五千といったところだろうが、信長の率いた軍勢は、『信長公記』には「三万ばかり」とある。連吾川《れんごがわ》両岸の狭隘な土地に、武田軍約一万五千と合わせて五万ほどの軍勢が終結したと考えるのは難しいから、いくらかずつ少なめだろうか。しかし、織田軍が武田軍の二倍ほどあったことは確かであろう。

両軍の対峙

長篠城を葬る前に後巻き軍が到着したことは、武田勝頼にとって誤算だったにちがいない。敵城を残した状態で敵の主力との決戦に臨むか否か、新しい課題が勝頼に突き付けられたのである。

ここで勝頼を中心に、武田諸将による軍議が行われたという。今ひとつ信頼性に欠けるが、『甲陽軍鑑』等によると、一族・重臣のほとんどが帰陣を進言したのに、勝頼が強引に開戦を決めたことになっている。

軍議の後、武田軍は西に向かって動いた。長篠城に向けて約二千の兵を残し置き、勝頼の本陣は、医王寺から初めて寒狭川を渡った。そして、有海原《あるみばら》から三十町（約三キロメートル）も西へ進んだ所で南北に布陣したのである。その陣形は次の通りだったと考えられる。

右翼　馬場信春《ばばのぶはる》・土屋昌続《つちやまさつぐ》

中央　武田勝頼以下旗本・武田信豊《のぶとよ》・武田信廉《のぶかど》・小幡信貞《おばたのぶさだ》

左翼　内藤昌豊《ないとうまさとよ》・原昌胤《はらまさたね》・山県昌景

予備隊　穴山信君

勝頼の本陣については、清井田とする史料もあるが、それでは後ろすぎる。信玄台地の中の才ノ神《さいのかみ》という高地が最も適当であろう。

勝頼が五月二十日、つまり決戦の前日付けで、甲斐府中で留守している家臣に宛てて書いた書状がある（『愛知一一』一〇九八）。この中での勝頼の意気軒昂《いきけんこう》振りが注目される。

「しからば長篠の地取り詰め候のところ、信長・家康後詰めとして出張候といえども、さしたる儀なく対陣に及び候。敵はてだての術《すべ》を失い、一段逼迫《ひっぱく》の躰《てい》の条、無二《むに》にかの陣へ乗り懸け、信長・家康両敵共、この度本意に達するべきの儀、案の内に候」

戦いを前にして弱気なことを書き連ねる大将はいるまい。しかし、はるかに劣勢な兵力で、特別な作戦を立てるわけでもないのに、相手を軽く見すぎてはいないだろうか。

信長の本陣は、二十一日の決戦直前、極楽寺山から弾正山《だんじょうやま》へと移される。織田・徳川連合軍の配備は、次のようになった。

右翼　徳川家康以下旗本・徳川信康《のぶやす》・石川数正《いしかわかずまさ》以下西三河衆

中央　織田信長以下旗本・滝川一益《たきがわかずます》・羽柴秀吉・丹羽長秀《にわながひで》・尾張衆・美濃衆

左翼　佐久間信盛・水野信元

鉄砲隊（奉行）佐々成政《さつさなりまさ》・野々村正成《ののむらまさなり》・前田利家《まえだとしいえ》・塙直政《ばんなおまさ》・福富秀勝《ふくずみひでかつ》
予備隊　織田信忠
陣の前に防塁が築かれ、連吾川を前にして馬防柵が立てられた。
さて、この時連合軍によって築かれた防塁と馬防柵については、研究家によって説が異なっている。まず、馬防柵を疑問視する説があるが、そこまで否定的になる必要はあるまい。『信長公記』に家康と滝川一益が武田軍の馬を防ぐために柵を設けたとあるし、また、五月十九日付けで家康が石川数正・鳥居元忠《もとただ》に宛てた書状にも、「柵等よくよく念を入れらるべき候こと肝要に候」と注意している文言が見える（『愛知一一』一〇九五）。馬防柵の構築は疑うべきではない。
一方の防塁についての説は次の通りである。両軍が陣を布いた跡には、明らかな土塁が見られる。この戦いは野戦ではなく陣城対陣城の戦い、もしくは武田軍が織田・徳川の陣城を攻めた戦いだった、という説である。主に城郭研究家の中から提出されている。
しかし、同じ城郭研究家の中にも反論があって、一致していない。文献上ではたった一つ、戦いから三カ月近くたった八月十日付けで、勝頼が岡修理亮《しゆりのすけ》に宛てた書状中に、「（敵が）陣城を構えて籠り居り」とあるのみである（『愛知一一』一一二〇）。
最後の位置に移動して、連合軍は三日、武田軍は一日。大掛かりな土木作業が果たして可能だったのだろうか。連合軍は、ある程度の防塁は築いただろうが、陣城といわれるほどの大げさな設備の建設までは無理だったと思う。

鳶ヶ巣砦奇襲

織田・徳川連合軍は、五月十八日に設楽原に着陣。応急の防塁を築き、馬防柵を立ててひたすら迎撃の構えをとった。連吾川の谷を前に、南北に長く陣を布いたまま動かなかったのである。

信長が恐れたのは、せっかくここまで出張してきたのに、武田軍との決戦の機会を失ってしまうことである。もともとは長篠城の後詰めが目的なのだから、城を救えるならばそれでよい、という考え方もあるだろう。しかし、信長にしてみれば、三万もの大軍を動員して、せっかく武田軍と一触即発のところまできたのに、戦わずしてこの遠征を終わらせるわけにはゆかないのである。

二十日、武田軍が寒狭川を渡り、有海原を過ぎて西へと動いてきた。いよいよ決戦か、と思われたのだが、武田軍が信玄台地に沿って南北に陣を張ったのみで、それ以上は進まなかった。

ここで信長が考えた作戦は、武田軍の背後、つまり長篠城方面でいくさを起こし、武田軍の主力を挑発しようというものであった。目標としたのは、長篠城の付城の鳶ヶ巣砦である。そこに奇襲をかけて乗っ取り、長篠城兵と一緒に敵の主力の背後を突かせようという作戦である。

この作戦の効果については、信長としても未知数だったと思う。首尾よく鳶ヶ巣砦を占領したとしても、勝頼は軍を引き払って帰陣してしまうかも知れない。すぐに追いかけたとしても、慣れない山地のこと、どれだけ追撃の効果が得られるかわからない。

『三河物語』では、この奇襲作戦は、家康の老臣酒井忠次《さかいただつぐ》の献策だったとしている。一方『信長公記』には、「信長御案を廻《めぐ》らされ、御味方一人も破損せざるように御思慮を加えられ」た末の作戦だったとある。もちろん太田牛一《おおたぎゅういち》の主君贔屓《びいき》も考えられるけれど、史料の信頼度を比べ、こちらに従っておきたい。忠次を呼んだのは、彼が三河吉田城主であり、東三河衆を率いる立場だったからであろう。

鳶ヶ巣砦奇襲隊は、酒井忠次を指揮官とした東三河衆。二千弱といったところだろう。織田軍からは金森長近《かなもりながちか》たち馬廻衆《うままわりしゅう》の約二千の軍だが、五百挺もの鉄砲が付けられたことが大きい。鳶ヶ巣砦の守兵は七百程度と思われるから、これは必勝を期した作戦といえる。

奇襲隊は、戌刻《いぬのこく》（午後八時頃）出発、船着山《ふなつきやま》の南を迂回してから、未明のうちに鳶ヶ巣砦目指して北上した。鳶ヶ巣砦に着いたのは辰《たつ》刻（午前八時頃）、すぐに鬨《とき》の声をあげ、鉄砲を撃ち込んで攻めかかった。

この攻撃は、敵がまったく予期していなかったものだった。つまり奇襲は大成功だったといえる。戦闘は短時間で終わったようである。長篠城に対する付城は鳶ヶ巣砦のほかにもあったが、酒井たち奇襲隊は長篠城兵と一手になって、それらの砦を逆に攻め落とした。

この時、すでに五月二十一日の陽が高く上がっており、西方の設楽原では主力同士の戦いが始まっていたのである。

設楽原の主力決戦

設楽原での戦いは、武田軍の攻撃から始まった。その時刻については、『信長公記』には「日出より」とある。内田正男編『日本暦日原典』によれば、天正三年五月二十一日は、ユリウス暦では六月二十九日である。一年で最も日の長い時期だから、「日出」といえば午前五時頃を指すだろうか。『松平記』には「卯《う》の刻」（午前六時頃。ただし、夏なのでもっと早いか）とあるから、いずれにしても、早朝より武田軍が攻撃を仕掛けたようである。

武田軍の一番手は、山県昌景だったという。山県隊は武田軍の最左翼に位置しており、目の前にいるのは徳川軍である。

「推《おし》（押）太鼓《だいこ》を打って懸かり来り候」と『信長公記』にある。『松平記』や『甲陽軍鑑』によれば、山県隊は少勢ながら果敢に徳川軍に攻めかかって柵の中に追い込んだ。しかし、大将の昌景が鉄砲に撃たれて討ち死にしてしまうのである。

武田軍の二番手は、信玄の弟の逍遥軒信廉《しょうようけんのぶかど》と『信長公記』にある。だが、ここに書かれた二番手以降は、攻撃した部隊を左翼から順に書いたものらしい。入れ替わって攻撃する、というわけではあるまい。連合軍の鉄砲は、敵が進んでくればいったん引き、敵が引けば前に進み、号令通り臨機応変に動いた。信廉の部隊も過半が撃たれ、退いていったと『信長公記』にある。

その右を進んできたのは、西上野《こうずけ》の小幡一党だった。「赤武者」、つまり赤色で統一された鎧《よろい》の部隊だった。「関東衆馬上の巧者にて、これまた馬入るべき行《てだて》にて、推（押）太鼓を打って懸り来り」と、『信長公記』にはここで初めて武田軍の馬についての記述が出てくる。関東衆なので乗馬が得意であり、一気に馬で攻め込むつもりで突進してきた、というのである。

武田軍は全体的に、馬による攻撃が得意とされている。連合軍が防塁を掘り、馬防柵を立てたほどだから、それ自体を否定することはない。しかし、武田軍の中で騎馬の上手の揃っていた小幡党ですら、「騎馬隊」などというものを編成していないことに注目すべきである。

当時の馬は小柄で、鎧武者を乗せれば歩くことがせいぜいで、とても疾走などできない、という説がある。実験したわけではないから何とも言えないが、少なくとも、設楽原の狭隘な地で、何頭もの騎馬が並んで敵陣目指して進む、という光景が不可能なことはまちがいあるまい。

四番として書かれているのは、勝頼の従兄弟の武田信豊率いる部隊である。これは黒い鎧の隊であった。次は馬場信春である。押太鼓を打ちながら突進したという。『甲陽軍鑑』には、馬場の七百の兵が佐久間信盛の六千の部隊を柵の中に追い込んだとか、内藤昌豊の一千の兵が滝川一益の三千の部隊を圧倒したとか、武田軍の善戦が書かれているが、どこまで信じられるだろうか。ともかく武田軍のどの部隊の兵も、連合軍の鉄砲の一斉射撃の前に倒れていったのである。

銃弾にさらされながら、なぜ武田軍は何度も突撃を繰り返したのだろうか。それは、背後の戦況の変化のためである。

勝頼は、背後を安全にした状態で、敵の主力の前に張り出してきた。ところが、一夜のうちに、背後が敵の占領する場に変わってしまった。挟み撃ちの形になったのである。

主力決戦が始まった時、鳶ヶ巣砦はまだ攻撃されていない。しかし、決戦が始まってほどなく、長篠城方面の味方の全滅が勝頼に伝えられたはずである。その時には、目の前の敵に勝つしか、勝頼には選択肢がなくなっていたのである。

武田軍は、突撃の度に鉄砲に撃たれて、次第に人数を減らしていった。ついに未刻《ひつじのこく》（午後二時頃）、勝頼は退却を決意、北へ向かって逃れた。武田軍の残兵は、大将勝頼と一緒に逃れたが、ある者たちは山に迷い入り、また、ある者たちは川に落ちて溺れ死んだという。

名のある武田の部将の中では、勝頼の従兄弟の穴山信君のほか、馬場信春と内藤昌豊だけが生き残っていた。信君は勝頼に先んじて逃げてしまったらしい。馬場と内藤は踏みとどまり、勝頼を逃れさせた後、敵と切り結んで討ち死にした。

五月二十一日にあった鳶ヶ巣砦攻防戦、設楽原での主力決戦で、戦死した武田軍の主な将士は、次の通りである。

山県昌景・小幡信貞・真田信綱《さなだのぶつな》・真田昌輝《まさてる》・土屋昌次《まさつぐ》・甘利信康《あまりのぶやす》・杉原直明《すぎはらなおあき》・高坂昌澄《こうさかまさずみ》・土屋直規《なおのり》・馬場信春・内藤昌豊・横田綱松《よこたつなまつ》・河窪備後《かわくぼびんご》・名和無理介《なわむりのすけ》・和気善兵衛・根津甚平《ねづじんぺい》、その他。

これに対して、連合軍側では、名のある将士で討ち死にした者は一人もいない。その一事を見ても、連合軍の圧勝であることがわかるいくさであった。

信長は翌日、凱旋の途につく。そして、二十五日に岐阜城に帰城した。家康については不詳だが、おそらく出発は信長と同時であろう。

信長の鉄砲戦術について

『信長公記』によると信長は、武田軍の攻撃が始まる前、家康が本陣を置いている高松山に上って敵陣の様子を眺めた。そして家康に、自分が命令するのに従って動くよう念を押したという。

家康は信長の同盟者であって、家臣ではない。だから、いちいち信長の指令に従う義務はない。それにこの戦いは、本来徳川軍が主役であって、織田軍は援軍にすぎない。『松平記』には、大久保忠《ただ》世《よ》・忠佐《ただすけ》兄弟が、織田軍に先にいくさを始められては主役である徳川軍の名折れであるから、我々が武田軍にいくさを仕掛けようと企んだ、と書かれている。徳川軍の中には、そのような考えがあったかもしれない。

だが、信長にしてみれば、すでに鉄砲使用を軸にした迎撃作戦ができあがっているだけに、勝手な行動は絶対に許せなかった。わざわざ足を運んで注意したのも、味方、特に徳川軍の抜け駆けが心配だったからだろう。

信玄台地から寄せ来る武田軍の攻撃に備えて、信長は約一千挺の鉄砲を前方に押し出して配置していた。それらの鉄砲が火を吹くごとに武田の将士は倒れ伏し、思い通りの効果をあげたのである。

陸軍参謀本部の編集した『日本戦史　長篠役』では、連合軍の鉄砲は三千挺、これを一千挺ずつ代わる代わる撃ったため、武田の将兵は連合軍の陣に到着する前にことごとく倒されたとしている。この「鉄砲三千挺三段撃ち」という虚説は、長篠の戦いの代名詞にさえなり、その後、信長の新戦術、信長の頭脳の成果ともてはやされることになる。さらには、敵方武田軍の騎馬隊というものも考え出され、長篠の戦いは、鉄砲対騎馬の戦い、果ては近世対中世の戦いなどと銘打たれるようになる。

だいたい三千挺の鉄砲がひっきりなしに火を吹き、武田の将兵が敵陣を前に次々と倒れていったなら、この戦いは短時間で終わったはずである。ところが『日本戦史』は、戦いの展開をそのようにしながらも、朝五時に始まった戦いが終わったのは午後三時だった、と矛盾した書き方をしている。

さて、『信長公記』によると、「日出」に始まった戦いは「未刻まで入れ替わり入れ替わり相戦った」とある。「日出」を午前六時としても八時間、五時とするならば九時間である。たとえ鉄砲が一千挺にすぎないとしても、長すぎる時間である。

長篠の戦いの主力決戦は、武田軍の突進と連合軍の鉄砲射撃だけという単純なパターンで終わった戦いではなかったはずである。もう少し白兵戦など中世の戦いらしい駆け引きも見られたと考えたほうがよかろう。武田軍は、鉄砲の乱射を浴びながらも、かなりの人数は馬防柵まで攻め込むことができたのではなかろうか。武田軍の突撃の様子を記した『信長公記』の一節を見てみよう。

「二番、正用軒（武田逍遙軒信廉）入れ替り、懸れば退き、のけば引付け、御下知《げち》の如く鉄砲にて過半うたれ人数打入れ候也」

武田軍の多くの兵は、進んだり退いたりする場面があったことがわかる。しかし、同時に連合軍（主に織田軍）の鉄砲隊がその攻撃をかわしながら、近距離からも射撃を続けたこともわかる。また、同書に「かくの如く御敵入れ替え候えども、御人数一首も御出なく、鉄砲ばかりを相加え、足軽にてあいしらい、ねり倒され」とあるのは、戦いの間、後ろに陣を構えていた部将たちは、だれ一人動くことがなかった、ということである。

以上のことをまとめてみよう。

設楽原での決戦では、柵際で両軍の戦いはかなり行われた。しかし、部隊同士がぶつかり合うような戦闘はなかった、ということになるであろう。

三　信長と「天下人」

信長の天下統一への自信

戦いが終わったその日のうちに、信長は、山城で留守をしている長岡（細川）藤孝に一通の書状をしたためている（信長文書五一二）。

「今日早天より取り賦《くば》り、数刻一戦に及び、残らず敵を討ち捕り候。生捕り已下《いか》数多候間、仮名改

め の首注文《くびちゅうもん》、これより進めるべく候。かねてより申し候ごとく、始末相違なく候。弥《いよいよ》天下安全の基《もとい》に候」

戦いが終わったばかりのせいか、まったく気負いがなく、ただ事実を伝えるばかりである。ところが、それから五日たった二十六日付けの同人宛ての書状では、かえって意気軒昂である（信長文書五一二）。

「（上略）相聞こえ候ごとく、即時に切り崩し、数万人討ち果たし候。四郎（勝頼）首、いまだこれを見ず候。大要切捨て、河へ漂い候武者若干《じゃっかん》の条、その内にこれ有るべきか。何編甲・信・駿三の軍兵さのみ残るべからず候。近年の鬱憤を散じ候。信玄入道重恩を忘れ、恣《ほしいまま》の働き候いける。四郎また同前に候。是非なく候いき。何時も手合わせにおいては、かくのごとく大利を得るべくのよし、案に違《たが》わず候。祝着《しゅうちゃく》に候。この上は、小坂《おさか》（大坂＝本願寺）一所の事、数に足らず候」

もちろん、この大勝利を諸国の群雄にも伝えることを怠《おこた》るはずがない。六月十三日、まず上杉謙信に長い手紙を送って、アピールする（信長文書五一八）。

「四郎赤裸の躰にて、一身北《に》げ入り候と申し候。大将分の者共さえ二十余人死に候。このほかの儀は数を知らず候」

その後、陸奥伊達政宗《だてまさむね》・下野小山秀綱《おやまひでつな》・常陸佐竹義重《さたけよししげ》・陸奥田村清顕《たむらきよあき》へと報じている。「いよいよ天下安全の基に候」「この上は、大坂一所の事、数に足らず候」と書いた信長の気持ちは、決して見栄やはったりではない。武田氏に対する勝利こそ、信長をして天下統一への自信を大きく前進させるものであった。

信長の「天下人」への動き

長篠の戦いから約一カ月半たった七月三日、信長は禁中《きんちゆう》における誠仁親王《さねひとしんのう》主催の鞠会《まりえ》に出席、そこで官位昇進の勅諚《ちよくじよう》を賜った。信長はこれを辞退し、代わりに老臣たちへの賜姓《しせい》・任官《にんかん》を請い、勅許《ちよつきよ》された。知られる限りではこの時、九名の老臣が賜姓・任官している。

老臣たちが賜った姓、任官された受領名《ずりようめい》を見ると、たいへん興味深い。まず受領名では、日向守《ひゆうがのかみ》(明智光秀)・備中守《びつちゆうのかみ》(塙直政)・筑前守《ちくぜんのかみ》(羽柴秀吉)・長門守《ながとのかみ》(村井貞勝《むらいさだかつ》)・伊予守《いよのかみ》(滝川一益)と皆、未征服の西国ばかりに固まっている。姓はどうか。惟任《これとう》(明智光秀)・惟住《これずみ》(丹羽長秀)・別喜《べつき》(簗田広正《やなだひろまさ》)・原田(塙直政)、いずれも九州の名族とされる姓である。

このような官や姓が、形ばかりにすぎないことはもちろんである。しかし、この賜姓・任官は、信長側の提出した名簿に基づいて朝廷が姓・官を割り振ったものと考えられる。つまり、西国へ向けて統一事業を推し進めようという信長の意図を、朝廷が汲み取って行った除目《じもく》である、と判断してよいだろう。

ところで、この時信長に用意された官位とは、どのようなものだったのだろうか。信長は、この四カ月後の十一月四日に従三位《じゆさんみ》権大納言《ごんのだいなごん》、七日に右近衛大将《うこんえのたいしよう》に叙任《じよにん》されている。おそらくこの時も、同じ官位を勧められたのではなかろうか。

従三位権大納言という官位は、実は現在紀伊《きい》由良《ゆら》に逼塞中の足利義昭とまったく同じなのである。義昭が兼征夷大将軍なのに対し、信長は兼右近衛大将ということで、二人は官位の上で並立した形になるのである。

七月三日、権大納言任官の勅諚を発するにあたって朝廷側は、これが義昭と同格の任官であることを意識していたはずである。朝廷としては、京都を逐われた将軍に代わるべき者として、義昭と同じ官位を示したのではなかろうか。将軍位ではないが、将軍と同格といってよい者、「天下人」という名称は用いられていないけれど、ここで信長は天下人として公認されたものと筆者は考えている。

「信長＝天下人」の画期として、筆者がこの天正三年七月三日に注目している理由は、もう一つある。それは、ここを境として、家臣による信長の尊称が「殿様」から「上様」に変化するという事実である。

天正三年であることが確実な、八月六日付けの立石惣中《そうちゅう》宛て武藤舜秀《むとうきよひで》書状では、文中に「その浦の儀、上様御陣お懸け成さるべく候間」（『立石区有文書』）とある。この文書を初見として、以後は必ず信長には「上様」の尊称が用いられている。

「天下人」の意識を固めた信長は、それに沿って「天下人」の動きを進めてゆく。十一月にあらためて権大納言及び右近衛大将の推任があった時には、素直に受け入れた。同月二十八日、織田家の家督を長男の信忠に譲る。これは、「天下人」とその下に位置する大名織田家の家督とを分担したことにほかならない。そして、信忠に岐阜城を譲り渡した信長は、新たな「天下人」の城・安土城の建設に取りかかるのである。

第三部　「天下人」信長と家康の従属化―同盟の変質

第七章　信康事件

一　水野信元の切腹

水野信元と信長・家康

水野信元は家康の母於大《おだい》の兄、すなわち家康の外伯父にあたる。水野氏は、父忠政の代までは今川氏に従っていたが、その死によって家を継ぐや織田方に転換した。そのため、甥の家康が母と離れ離れになったということは、第一章—三で述べた通りである。

だが、桶狭間の戦いの後、家康との血縁関係により、清須同盟に大きな役割を果たした。このことについても第三章の中で話した。その後も、家康と三河一向一揆との講和の時など、甥の家康を支える役割を果たしたという。

水野氏と織田氏との関係は、同盟とはいえ、水野氏が織田氏に従属した形だった。それは、織田家が信秀から信長へと継がれた後も変わらない。

織田家を相続してから数年、信長の周囲は敵だらけだった。その中で信元は、今川軍に圧迫されながらも織田方を貫いてくれた。天文二十三年（一五五四）一月、信長は危険を冒《おか》して渡海し、村木《むらき》砦を攻撃して信元の危機を救っている。

桶狭間の戦いの時も、織田・今川の争いの中で、水野氏は信長に従属した立場だった。しかし、家臣ではなく、あくまでも同盟者として、周囲からも認識されていたようである。

『永禄《えいろく》六年諸役人附』という史料がある。十三代将軍義輝《よしてる》の直臣《じきしん》を職掌・身分別にリストアップしたものである。長《おさ》節子氏の考証によれば、その後半部分は、永禄九（一五六六）～十年に将軍就任前の足利義昭が作らせたリストのようだが、そこには、「織田尾張守《おわりのかみ》信長　尾張国」及び「松平蔵人元《くろうどもと》康《やす》　三河」と「水野下野守《しもつけのかみ》　三河」が並べて記されている（長一九六二年）。

また、『言継卿記《ときつぐきょうき》』を見ると、禁裏《きんり》に対する献上行為を信長や家康とは別個に行ったり、独自に勅《ちょく》使《し》の訪問を受けたりしている。これらの例から考えると、長いこと織田氏に従ってきたとはいえ、外部の者の目には、水野氏は自立した大名として認識されていた、ということであろう。

しかし、信長が軍事行動を起こす場合、信元は常にそれに従属する、という形は続いている。永禄十一年九月の上洛の時には一緒に京都に入っているし、元亀元年（一五七〇）六月の姉川の戦いに際しては横山城の押さえ、それに続く佐和山城攻めでは丹羽長秀とともに包囲軍の主力となっている。

元亀三年十二月にあった三方ヶ原の戦いの時には、佐久間信盛・平手汎秀とともに援軍として派遣される。だが、この戦いで信元が武田軍と戦ったという様子はない。『当代記』では、この時の信元を次のように評している。

「下野守（信元）は三河岡崎迄遁《のが》れ行く。比興《ひきよう》（卑怯）成る躰《てい》也。大方信玄と一味有るべき企て也と云々」

まるで敵と通じていると疑われるような、無様《ぶざま》な様態だったということである。戦わずして逃げ出したということだろうが、戦意がなかったということならば、佐久間も同じだったらしい。援軍の中では、ただ一人平手だけが若さゆえの猪突猛進を演じて討ち死にしてしまった。

そもそもこの戦いの時の織田援軍は、武田軍を前にした徳川軍を監視するか、時間稼ぎをさせるために派遣されたものにすぎない、と筆者は思う。三千の兵力というけれど、織田軍の代表的部将の佐久間、代々の織田家家老の平手、尾張・三河に広い支配地を持つ水野の三将の軍が合わせて三千とは信じられないほどの少なさである。武田氏に内通していたかどうかは別問題として、戦意が十分ではなかったことは理解できる。

特殊な織田家臣、水野信元

天正二年（一五七四）の長島攻め、同三年の長篠の戦いにも従軍した信元だが、織田軍の中での存在価値が低下している印象は否めない。それは、信長の統一戦が近畿を中心に西方ないし北方へと向かっているためであろう。その本拠地から見て、信元は東方を担当していたようである。

東方といえば武田氏。武田氏に対する押さえとして信長は、天正元年頃より信忠軍団を置いている。

しかし、信忠軍団の持ち場は東美濃に限られている。三河・遠江方面はもちろん家康が務めている。推測だが、信元は、信長の家臣の立場でありながら、家康付きとして付属させられたのではないかと思う。その根拠となるのは、次の事実である。

一、後に信元誅殺《ちゆうさつ》の命令が家康を通してなされること。

二、信元の死後、家康の家臣だった弟の忠重《ただしげ》に刈谷《かりや》城が与えられるが、その時忠重は、信長の家臣へ鞍替えを強《し》いられていること。

このように織田・徳川両属という形の信元だが、外部の者にとっては、織田にも徳川にも従属していない、すなわち独立した大名という認識があった様子である。

将軍足利義昭は、京都を追放された後も諸国の大名たちにさかんに御内書《ごないしよ》（将軍の書状）を出して、信長の討伐を煽《あお》っている。その御内書が、なんと家康と信元にまで届いているのである。義昭が追放されてから八カ月後、天正二年三月二十日付けのものである（『別本士林証文』）。

この御内書は、「近般信長恣《ほしいまま》の儀相積もるに就き」、武田と和睦して「天下静謐《てんかせいひつ》の馳走《ちそう》頼み入り」、つまり信長を排除して自分を京都に戻すよう努めてほしい、という内容である。家康宛て、信元宛て、ほぼ同文で、まったく差別はない。義昭の認識では、家康も信元も信長から独立した存在というわけで、先に紹介した『永禄六年諸役人附』の時点と変わらないのである。

軍事行動を通じて家臣化したといっても、信長にとって水野信元というのは、なおも特殊な家臣だったといえよう。

水野信元の誅殺

天正三年五月に長篠の戦いで武田軍に完勝した後、信長は、武田方に占領されていた岩村城の奪還を企てる。嫡男信忠が自分の軍団を指揮して岩村城を囲む。数カ月にわたる攻囲戦の結果、十一月二十一日に岩村城は開城、守将の秋山虎繁《あきやまとらしげ》らは岐阜に送られて処刑された。これで、武田の勢力は美濃から一掃された。

それから一カ月余りたった十二月二十七日、信元と養子の元茂《もとしげ》は家康より岡崎城に呼び出され、そこで切腹を命じられるのである。

信元父子の切腹について書かれた良質の史料はない。江戸時代になってから成立した徳川氏創業史にようやく取り上げられている。それら徳川氏創業史の中でも、顚末について詳しく述べているのは『松平記』である。それに載った記事を次に意訳してみよう。

「岩村城では次第に食糧がなくなったため、城兵はいろいろな道具を持って密かに城を抜け出し、近くの村で食糧に替えていた。信元の所領緒川《おがわ》・刈谷は岩村に近かったので、家臣の中でその交換に応じる者が多かった。それを知った佐久間信盛は、日頃から信元と仲がわるかったため、信元が岩村城の秋山と通じて食糧を送っている、と信長に讒言《ざんげん》した。

信長は大変怒って、糾明《きゆうめい》するため使者を信元に遣わした。それを伝え聞いた信元は驚き、家老の者を一人弁明のため派遣した。この家老が途中で信長の使者と出くわし、一緒に酒を飲むことになった。ところが二人は泥酔して喧嘩《けんか》になり、斬り合った末、両方とも死んでしまった。そのため信元は申し開きができなくなってしまい、信長は佐久間の讒言に従って信元を誅殺するよう家康に命令することにした」

『松平記』は、徳川氏創業史の中では良質といわれる。著者は不明だが、慶長年間（一五九六～一六一五）に成立したとされている。事件を直接見聞した者がまだ生きているうちに書かれたものだから、ある程度は信用できると思われる。先に引用した信元切腹に至るまでの経緯はまるで三文小説のようだが、まったくの作り話でもないようである。

岩村から刈谷までは近いといっても六〇キロメートルほどもあり、そう頻繁に物の取り引きができたとは思えない。しかし、先に引いた『当代記』の記事からもわかるように、信元が武田氏と通じていた、という噂があったのは事実のようである。

では、信元は本当に武田氏に通じていたのだろうか。もちろん真相はわからない。だが、ありうることである。ただし、三年以上前、まだ信玄が健在だった頃の話である。信玄は西に向かって軍を進めるにあたって、美濃の国衆《くにしゆう》にまで働きかけている。郡上《ぐじよう》郡の遠藤氏は信玄と頻繁に連絡をとっていたし、美濃三人衆の一人安藤守就《あんどうもりなり》も信玄に通じていた可能性が高い。もっと近い位置にいて、もっと大身《たいしん》であって、しかも織田家臣といっても特殊な性格を持った水野信元に対して、信玄が働きかけなかったはずはあるまい。

信玄の働きかけに対して、信元がどのように反応したかについてはわからない。しかし、反応がどうであれ、それが露見した時に信長が追及の姿勢を示したことは想像に難くない。信長の追及を素直に受け入れたならば、あるいは追放程度で済んだかも知れない。だが、もしも『松平記』に書かれたような不祥事があったとすると、上使《じょうし》殺害の罪が加わり、もはや言い逃れがきかなくなる。

推測が重なったが、水野信元の誅殺は、このような形で展開した事件だったのではなかろうか。

二　信康事件の展開

松平信康について

家康の長男信康《のぶやす》は、現在、「松平信康」と呼ばれている。永禄九年（一五六六）に家康は、姓を「松平」から「徳川」に改めているから、当時八歳だった信康は、その後二十一歳で死ぬまで「徳川信康」だったはずである。

ところが、後に徳川将軍家が「徳川」姓は将軍家と御三家に限るという方針を打ち出したため、「徳川信康」は当人の死後「松平信康」に格下げになってしまった。また、彼の生涯の後半は岡崎城の城主だったことから、「岡崎信康」と呼ばれることもある。

先に紹介した通り、信康の母は関口氏の娘、後に「築山殿《つきやまどの》」と呼ばれた女性である。今川義元の姪にあたり、義元が家康を一族に取り込もうという意図をもとに家康に嫁入りさせたのである。ところが家康は、桶狭間の戦いで義元が死んだ後、今川氏の束縛から脱して独立する動きを見せるようになった。そして、敵だったはずの信長と同盟を結んだ。そのため、築山殿の父である関口義広は、今川氏真に殺されたという。

同盟の証《あかし》として、信康と信長の娘五徳《ごとく》の婚約が結ばれ、永禄十年五月には輿入《こしい》れとなった。新郎・新婦ともに九歳という形ばかりの夫婦だったが、この後、二人は岡崎城で一緒に暮らすことになる。

元亀元年（一五七〇）六月、家康は浜松城に移り、岡崎城は信康に譲られた。翌月に元服する。信長の「信」と家康の「康」を与えられて「信康」を諱《いみな》にした。まだ十二歳にすぎないが、ここで一人前として認められたのである。この後信康は父からは離れ、母と一緒に岡崎城で暮らすことになった。

成人した信康は、逞《たくま》しい若者に育った。初陣は天正三年（一五七五）五月の長篠の戦い。時に十七歳だった。同五年八月の遠江横須賀の戦い、同六年三月の遠江小山《こやま》城攻め、いずれも武田氏相手の戦いだが、味方も敵も信康の戦い振りに注目したという。特に横須賀の戦いでは、退却の時に殿《しんがり》を務めて奮戦、武田軍に大井川を越させなかったと伝わっている。大久保彦左衛門《おおくぼひこざえもん》は一歳年長の若殿信康が大の贔屓《ひいき》で、その著作『三河物語』の中で絶賛を繰り返している。彼の非業の死についても、次のような哀惜の言葉で綴っている。

「さてもを（惜）しき御事哉《かな》。是程の殿は又出がたし。昼夜共に武辺《ぶへん》の者を召寄せられ給《たま》いて、武辺の御そうだん（雑談）計《ばかり》也。其外には御馬と御鷹の御事也」

会話といえばいくさと武芸のこと、やることは乗馬と鷹狩りばかり、典型的な武辺者の姿である。

信康の切腹

天正七年八月三日、家康は一大決心をして岡崎城を訪れた。父子の間で激しい口論があったようだが、翌日信康は岡崎城を出て、碧海《あおみ》郡大浜《おおはま》城に移されることになった。その後信康は、遠江の堀江《ほりえ》城、さらに二俣《ふたまた》城に移された末、九月十五日に切腹を命じられるのである。まだ二十一歳の若さだった。母の築山殿は、すでに半月前の八月二十九日、佐鳴湖《さなるこ》のほとりで殺害されていた。

この悲惨な事件については、いくつかの徳川氏創業史にその顚末が語られている。それらに共通しているのは、まず築山殿が性悪《しょうわる》で、さんざん夫の家康を悩ませたあげく、最後には武田氏に通じて謀《む》反《ほん》を企てたということ、次に信康が乱暴者で残虐《ざんぎゃく》な行為が多く、妻の五徳とも不和だったということ、そして、信康を殺したのは信長の命令だったということである。つまり家康は、加害者というより被害者とされているのである。

それらの中でたった一つ、『三河物語』だけは信康をかばった書き方をしているのだが、信長が信康殺害の命令を下すまでの経緯については、あらゆる徳川氏創業史の中で最も詳しく語られている。そこに書かれたストーリーをまとめると次の通りである。

「夫の信康と不和になった五徳は、父信長宛てに十二カ条から成る手紙を書き、それを酒井忠次《さかいただつぐ》に託した。その手紙には、信康の普段の不行跡が書き並べられてあった。

酒井から手紙を渡された信長は、その場でそれを読んだ。そして、信康の不行跡一つ一つについて酒井に確認した。酒井はまったく信康を庇《かば》おうとせず、十カ条まですべて肯定した。信長は言う。ここまで家老が承知していることならば、すべて疑いない事実なのだろう。そんな有様では今後が思いやられる。信康に切腹させるよう家康に伝えよ。

信長のもとを辞した酒井はまっすぐに浜松に行き、家康に信長の言葉を伝えた。信長に逆らうわけにはゆかない。悩んだ末家康は、結局大切な長男を殺すことを決心した」

五徳の十二カ条の手紙、信長の信康殺害の命令などは、事実としてこれ迄ずっと信じられてきた。それらは、この『三河物語』が基になっているのである。ただ、ここには信康の不行跡のことは書かれていない。それについていろいろと書かれているのは『松平記』である。箇条書きにしてまとめてみよう。

一、鷹狩りの場で、一人の僧侶に縄を掛けて縊《くび》り殺した。

二、踊りの下手な踊り子を弓矢で射殺した。

三、そのほか、日頃より乱暴な振舞いが多かった。

四、五徳が生んだ子が二人とも女子だったのに腹を立て、夫婦の間が冷え切った。

同じ『松平記』には、築山殿の行状についても、次のように書かれている。

「父親が家康のために死んだことを恨み、家康をひどく憎んでいた。そして、滅敬《めつけい》という中国人の医者を甲斐から呼び寄せて愛人としただけでなく、密かに武田氏に通じた」

『三河物語』も『松平記』も、徳川氏創業史の中では質のよい史料とされている。信康や築山殿を直接知る人間が生きているうちに成立した本である。だから、これらのことは、大体信じられてきた。しかし問題なのは、彼らの記述姿勢である。徳川氏創業史全体に言えることだが、家康を絶対視する余り、その傷を覆い隠そうという姿勢が見え見えなのである。この事件に関する記述にも、そうした意図があるように思われるのである。

三　信康事件の真相

通説に対する疑問

『三河物語』や『松平記』によって通説がつくられ、長い間それが信じられてきたが、冷静に考えてみれば、いろいろと腑《ふ》に落ちない点がある。疑問点を次に列記してみよう。
一、信長が、娘と不仲になったという理由だけで、婿の信康を殺そうとするだろうか。
二、築山殿が、家康室《しつ》という立場で武田氏に通じたというのは、信じられるだろうか。

三、信康を庇わず、死に至らしめた酒井忠次が、その後も重く用いられたのはなぜだろうか。

まず一の夫婦仲についてだが、二人の間には満年齢でいうと三歳と二歳の娘がいたのだから、二、三年前あたりまでは問題なかったようである。しかし、近年にわかに亀裂が生じたらしいことは、『家忠日記』の次の記事で推測される。天正七年六月五日の条文である。

「家康浜松より信康御×××の中なおしに越され候」（×は解読不可能な部分）

解読不可能な箇所があって内容は明確ではないが、家康は、信康夫婦に仲直りさせるために浜松からやってきたように思われる。

たとえ夫婦仲がよくなかったとしても、その原因が信康の不行跡にあるとは限らない。彦左衛門の観察によると猛々《たけだけ》しい若者だったようだから、行き過ぎもあったかも知れないが、『松平記』に書かれているような話は、とかく中傷として語られがちのものである。

二の築山殿が武田氏と通じていたという件だが、果たして築山殿には表に立って外交できるほどの権力があったのだろうか。そうしたことも含めた考察は、後に述べよう。ただ、中国人の医者との不倫などということは、ただ彼女を貶《おとし》めるための中傷にすぎないだろう。

最も不思議なのは、三にあげた酒井忠次のことである。忠次は信長からの問いをすべて肯定して、信康を死に追いやる結果を招いた。『三河物語』では、「知らないと言えば、信長もそんな命令など出さなかったのに、いちいち知っていると言ったから、こんなことになってしまった」と家康が歎いたとか、家臣たちがみな忠次を憎んだとか、忠次を悪者にしている。事の経緯からみて、それは当然といえる。

ところが忠次は、その後も徳川家家臣のトップの地位にとどまり、三年後の甲信制圧の時には新領土の最高責任者にされている。『三河物語』の記事を離れて、この事件における彼の役割も見直してみなければならないだろう。

良質史料による見直し

この事件の原因は、『松平記』にある通り、信康の不行跡にあるものと考えられてきた。だが、それに疑問を挟む研究家も現れた。その一人、高柳光壽氏の解釈は次の通りである。

信長は、自分の嫡男信忠よりも信康のほうが器量が優れていると判断した。だから、将来の禍根《かこん》を未然に防ごうとして娘の五徳を利用し、信康の罪悪を摘発させた。

高柳氏の言う通り、この事件について述べた徳川氏創業史の記事は信じないほうがよい。しかし、この説の限界は、徳川氏創業史の一つであるはずの『三河物語』にある五徳の手紙にまだこだわっていること、そして何よりも、家康＝被害者の形を否定できないでいることである。徳川氏創業史のように記事が豊富でないけれど、もっと信用度の高い史料をもとにして類推するほうが真相に迫ることができるのではなかろうか。

当時の家康の周辺を探るには、まず文書、それに岡崎在住の家臣、松平家忠《いえただ》が記した『家忠日記』

という一次史料がある。そのほか、『信長公記』や『当代記』の記事も参考にしてよいだろう。

まず、『信長公記』の数十ある諸本の中でも、最も古態をとどめている尊経閣《そんけいかく》文庫所蔵の『安土《あづち》日記』の記載を見てみよう。

「さるほどに、三州《さんしゅう》岡崎三郎殿（信康）、逆心の雑説申し候。家康ならびに年寄衆《としよりしゅう》、上様（信長）へ対しもつたいなく申し、御心持ちしかるべからずの旨、異見《いけん》候て、八月四日に三郎殿を国端《くにはし》へ追い出し申し候」

この記事により、信康が追及された罪なるものが「逆心《ぎゃくしん》」＝謀反《むほん》であることがわかる。だいたい妻である自分の娘に心労をかけたこと、たまに乱暴な行状があったという程度で、信長が命を取れなどと命令するはずはあるまい。謀反という大罪を犯した、という疑いでなくてはならない。そして、母の築山殿も殺されたのだから、母子の共謀という嫌疑を受けたわけである。

謀反というと、当然武田氏に内通したということだろうが、どうも疑問である。信長に対して不満があったとしても、凋落著しい武田氏に簡単に通じたりするものだろうか。

では、次に『当代記』の記事を見てみよう。『当代記』のこの時代の記事は『甫庵《ほあん》信長記』に倣《なら》ったものが多いので信憑性は今ひとつだが、徳川氏関係のものには、オリジナルで注目すべき記事が含まれている。この部分もその一つである。

「（天正七年）八月五日、岡崎三郎信康主家家康公一男牢人《ろうにん》せしめ給う。これ信長の婿たるといえども、父家康公の命を常に違背し、信長公をも軽んじたてまつられ、被官《ひかん》（家臣）以下に情なく行われ、非道の間かくのごとし。この旨を去月、酒井左衛門尉《さえもんのじょう》（忠次）をもつて信長に内証《ないしょう》を得らる所、左様に父・臣下に見限られぬる上は、是非に及ばず。家康存分次第の由返答あり」

この記事から読み取れることは、家康と信康の父子間に問題が起こったということである。その問題を家康のほうから信長に相談した、忠次はその使者を務めたにすぎないようである。信長は信康の岳父なのだから、信長の意向も伺っておく必要があったのである。五徳が書いたという十二カ条の手紙などは、存在しなかったのではなかろうか。

大切なのは、ここで信長が「信康を殺せ」などと言わず、「家康存分次第」（家康の思い通りにせよ）と答えていることである。つまり、相談事は徳川家内部のこと、家康と信康父子の問題であることが確認できると思う。

信康切腹事件の真相

一九九八年、作家の典厩《てんきゅう》五郎氏が、信康事件を詳細に考察した本を出された。『家康、封印された過去』と題した一冊である。その本の中で典厩氏は、石川数正・信康旗本から成る岡崎派と酒井忠次・家康旗本ら浜松派との対立に事件の原因を追求した。なかなかの炯眼といえよう。家康とて、その領国内で絶対の権力をもって家臣たちを抑えていたというわけではない。家臣間の対立があって、これが父子の反目へと発展した可能性は大いにあるだろう。

ここで、岡崎衆の一人だった松平家忠の日記、『家忠日記』を見てみよう。日記だけに関係者の動きは断片的にしかつかめないが、事件の前年より家康と信康との間が決して安穏ではなかったことが感じられる。まず、天正六年九月五日条、

「家康より鵜殿善六《うどのぜんろく》御使、岡崎在郷《ざいごう》無用の由《よし》、仰《おお》せ越され候」

さらに同月二十二日条、

「戌刻《いぬのこく》（午後八時頃）に吉田左衛門尉（酒井忠次）所より、家康、各《おのおの》国衆岡崎在郷之儀無用之由、申し来たり候」

つまり家康は、岡崎在住の家臣を信康から切り離そうとしていたらしいのである。

また、築山殿は、決して城の奥でおとなしくしていたわけではない。同日記の同年二月四日条、

「信康御母さまより音信《いんしん》成され候」

城主の母として築山殿は、岡崎衆と連絡するなど表面に出ることがあったのである。

岡崎衆は、家康への不満か、あるいは家康の旗本に対する反発か、いずれにしても信康を担いでクーデターを起こすことを企んでいたのではなかろうか。その企てには、築山殿もからんでいたのだと思う。

家康は、岡崎城から信康を追い出した後、岡崎衆に対し、くどいぐらいに信康と通信することを禁じている。そして、自分の直属の兵で岡崎城を固めた。

信康を追い出して幾許《いくばく》もない八月八日、家康は、信長の近習の堀秀政に次の文面の書状を送っている。

「今度左衛門尉（酒井忠次）をもって申し上げ候処、種々御懇《ねんご》ろ之儀、其の段御取り成し故に候。忝《かたじけ》き意存に候。よって三郎不覚悟に付いて、去る四日岡崎を追い出し申し候。猶《なお》其の趣小栗大六《おぐりだいろく》・成瀬藤八《なるせとうはち》（国次《くにつぐ》）申し入るべきに候。恐々謹言《きょうきょうきんげん》」

『新修徳川家康文書の研究』の編者の徳川義宣氏は、家康が信長に信康の助命を嘆願したことを示している、と解釈しているが、そのようなことはこの文書からは読み取れない。堀を通じて信長に信康の処断を報告しているにすぎない。むしろ、酒井忠次を使者として信長に相談したのが事件の発端だったという『当代記』の記事が、この文面によって裏付けられるのではなかろうか。

第八章　家康の織田家臣化

一　信長と家康の関係の変化

信長文書の変化―山室恭子氏の研究成果

一九九一年に刊行された山室恭子氏による『中世のなかに生まれた近世』は、実に斬新な方法で戦国時代の文書の研究が展開されていた。対象となっている戦国大名は西国大名・東国大名、さらには天下人《てんかびと》にまで及び、取り上げられた文書の数は二万通余、コンピューターを駆使してそれら一通一通を形状・書式によって分類するという、莫大な作業に基づく論考であった。考察の柱は、判物《はんもつ》（署名の下に花押＝サインを加えた文書。中世を象徴する）が印判状《いんばんじょう》（署名の下に印判を捺した文書。近世を象徴する）に駆逐される様相を地域・大名別に見ようとしたものだが、それとともに全国の大名、しかも天下人をも含めた政治史を、同基準で比較しようとした貴重な研究といえる。

出版された一冊の中の、第四章が「天下人たち」の考察となっており、信長文書の分析も行われている。そこでは一千通を超す信長発給文書が取り上げられ、様々な面での変化について検討されている。山室氏が結論としてまとめられたことのうち、基本的なことを箇条書きにすると、次の通りである。

一、信長発給文書は判物から印判状へと変化するが、永禄十年（一五六七）から天正三年（一五七五）までの併用期を経て、天正四年以後にはほぼ完全に印判状だけ用いられるようになる。

二、その変化は、他の戦国大名に比べても非常に速く、かつ徹底して行われている。

三、書止文言《かきとめもんごん》・署名・宛名の敬称など書式の変化をたどると、時期が下るにしたがって薄礼化・尊大化が進行するが、進行の契機としては、判物から印判状への移行と同じく永禄十年、天正四年に境界を引くことができる。

永禄十年は岐阜に居城を移し、「天下布武《てんかふぶ》」への決意を固めた時、天正四年は「天下人」の城安土城を築いて、そこに移った時である。文書の分析においても、このような画期がうかがわれるという研究成果である。

山室氏の研究は、広く大勢の戦国大名の中から信長の傾向を導き出した上に立っての分析である。氏は、信長を他の戦国大名と比較した結果、「ある時期に画然とためらうことなく」薄礼化が実施されている、と表現している。

信長と家康間の書札礼―平野明夫氏の研究成果

平野明夫氏は、二〇〇六年に上梓した論文集『徳川権力の形成と発展』の中の「第二章織豊大名徳

川氏　第一節　徳川氏と織田氏」で、信長と家康との関係の変化をテーマとして論を展開している（この論考は、一九九五年に発表された後、加筆、修正を加えたものである）。

平野氏が論文中にあげている、家康宛ての信長書状は、次の十通である。

①（永禄十二年）二月四日付け朱印状（宛名　徳川三河守）
②（元亀二年）五月十六日付け書状（宛名　徳川三河守）
③（元亀三年）十月二十二日付け書状（宛名　三河守）
④（元亀四年）四月六日付け黒印状（宛名　三河守）
⑤（元亀四年）四月六（十六）日付け書状（宛所切断により不明）
⑥（天正四年）十一月二十六日付け朱印状（宛名　徳川三河守）
⑦（天正五年）一月二十二日付け黒印状（宛名　三河守）
⑧（天正六年）六月二十五日付け黒印状（宛名　三河守）
⑨（天正七年）十月二十四日付け黒印状（宛名　三河守）
⑩（天正九年）二月十九日付け黒印状（宛名　三河守）

これらの書状の書式をたどると、④までは書止文言は「恐々謹言」であり、宛名の脇付《わきづけ》（書状の宛名の左下に書き添える語）も「進之候」ないし「進覧之候」と書かれている。しかし、⑦〜⑨の書状の書止は「謹言」に変わり、脇付はなくなっている。④までは等輩に対する書札《しよさつれい》礼だったけれど、⑦

からは下様への書札礼に変化している、というのが平野氏の分析の骨子である。

逆に家康が信長へ発した書状も四通あげて、それに対しても平野氏は検討している。次の書状である。

⑪（天正二年）九月十三日付け書状（宛名　岐阜殿）

⑫（天正二年）閏十一月九日付け書状（宛名　岐阜殿）

⑬（天正三年）三月十三日付け書状（宛名　岐阜殿）

⑭（天正九年）三月三日付け、西尾小左衛門尉（義次《よしつぐ》）宛て書状

⑪の書止文言は「恐々謹言」だが、⑫～⑭では最高位の「恐惶謹言《きょうこう》」が用いられている。宛名が居所になっているのは、家康の書札礼の中では最高の敬意であるという。しかも、脇付はやはり最高の敬意を示す「人々御中」が用いられている。総合的に評価すると、直状として最も厚礼《こうれい》の書式なのである。さらに⑭は、宛名を家人《けにん》とする披露状《ひろうじょう》の様式であり、書札礼上最も厚礼をとっていたことがわかる。

平野氏は、この考察の後、信長と家康の軍事援助関係についても検討を加えているが、その結論として、元亀元年以前の家康の信長への軍事援助が将軍義昭の要請に基づくものなのに対し、天正三年以後は信長の臣下としての位置付けである、と指摘している。そして最後に平野氏は、家康は「一門に準ずる織田政権下の一大名」という立場であった、と総括的に締め括っている。

信長文書の薄礼化

さて、山室恭子氏・平野明夫氏の堅実な論考を紹介してきた。まず言えるのは、二人によって出された結論がまったく矛盾なく合致するということである。

山室氏は、天正四年を境に、信長の判物がほぼ完全に姿を消して印判状だけが作成されるようになる、書式上でも同時に薄礼化・尊大化が進むとした。平野氏もちょうどその前後に、信長の家康に対する薄礼化の画期を見ているわけである。

画期について云々する前に押さえておきたいのは、信長の薄礼化は、何も相手が家康に限ったことではない、ということである。これは、山室氏が信長の発給文書全体について分析した結果、得られた結論である。

信長の薄礼化・尊大化の画期が天正四年であり、家康との関係もその時から実質的に上下の関係へと変化してゆくという結論が導き出せる。そしてその理由は、山室氏に従えば安土城移転ということになる。

筆者もその結論に対しては、特に異論はない。ただ、画期について、安土城移転という具体的事実に限定することはないと思う。第六章─三で述べた通り、天正三年の一連の「天下人」への動き、つまり、長篠の戦い→七月三日の勅諚《ちょくじょう》→右大将任官→家督譲渡→安土城建設計画がその画期として置かれるべき事象なのではあるまいか。だから、画期を年代で言うならば、天正四年ではなく天正三年と言ったほうがより適切だと思うのである。

二　武田氏との最後の戦い

長篠の戦い以後の武田氏との戦い

天正三年五月の長篠の戦いで、完膚なきまでに武田軍を叩きのめした信長は、続いて東美濃の岩村城を信忠の軍団に包囲させた。恵那《えな》郡一帯は、古くから遠山《とおやま》一族の支配が浸透しており、岩村城はその宗家の城である。岩村城主のもとに信長の叔母が嫁いでいたが、城主が病死した後、武田氏に降っていた。武田の部将秋山虎繁が入り、城将として守っていたが、信長の叔母とは夫婦関係になっていたと伝わっている。

信忠軍が包囲すること数カ月、十一月二十一日についに開城する。秋山たちは岐阜に送られて磔刑《たっけい》にされた。信長の叔母も、信長が手ずから斬り殺したという。こうして、美濃における武田氏の橋頭堡は失われた。

遠江方面でも、武田氏は家康の攻勢に押しまくられるようになった。長篠の戦いの直後の天正三年六月、家康は早速遠江に攻め入る。家康の軍勢はまず北方へと進んで二俣《ふたまた》城を囲み、さらに北にある光明《こうみょう》城を落とし、犬居《いぬい》谷をも占領した。

八月には遠江の東端へと軍を移動、諏訪原城《すわはら》（牧野城《まきの》）を落とし、小山城をも攻撃した。武田勝頼が小山城を救援するために軍を出したため、軍を引くことになったけれど、十二月になって、二俣城主の依田信蕃《よだのぶしげ》が籠城に耐え切れず、とうとう開城した。

翌年になると、家康の東方侵略はさらに進んだ。『当代記』によると、八月には駿河の山西に兵を出して放火した。武田軍が遠江小山まで出陣したので引き上げたという。

高天神城をめぐる戦い

高天神城《たかてんじん》は、東遠江随一の豪族小笠原氏の城郭である。この城をめぐる武田と徳川による何度かの戦いの末、天正二年六月に武田氏が開城させたことについては、前述した通りである。家康の目標は、この高天神城を武田氏から奪還することである。高天神城奪還は、すなわち遠江回復へとつながる。

天正五年八月より、高天神城の近辺で徳川・武田両軍の戦いがしばらく続いたようである。しかし結局は、高天神城は持ちこたえ、十月下旬になって武田軍は小山城から大井川を渡って駿河に引き上げた。徳川軍も掛川城から帰陣した。

その後も高天神城をめぐる両軍の攻防は繰り返され、家康・勝頼、自ら出陣することもしばしばだった。しかし同六年七月、徳川軍によってすぐ近くに付城《つけじろ》の横須賀城が完成する。さらに、時には徳川軍が大井川を渡って駿河に入り、田中城を攻撃するということもある。そうした様子を見ると、次第に徳川方が優勢になってきていることは否定できない。

実は、天正七年に勝頼は外交上の大失策を犯したのである。前年四月に上杉謙信が急死する。そして間もなく、二人の養子景勝《かげかつ》と景虎《かげとら》との跡目争い、即ち御館《おたて》の乱が起こる。勝頼はその争いに介入し、景勝を支援した。景虎の実兄にあたる北条氏政《うじまさ》は怒って武田氏と絶交、甲相《こうそう》同盟は破綻してしまった。しかも、同盟を破棄した北条氏は、信長・家康と同盟を結ぶ動きに出た。ここに勝頼は、徳川・北条と東西に敵を控える形になった。苦し紛れに信長に和睦交渉を試みたものの、信長は相手にしようとしなかったのである。

天正八年に入り、徳川軍の高天神城包囲陣は本格化した。城の周囲には付城がいくつも築かれた。『家忠日記』を見ると、松平家忠は、天正八年十月以後、翌年二月まで高天神城の周りで土木工事に携わっている。徹底した兵糧攻めが展開された様子である。それなのに、もう武田軍の後詰《ごづ》めもなくなっている。

高天神城が落城したのは、三月二十二日だった。夜になって、城方のほうから撃って出たが、結局は城将岡部元信《おかべもとのぶ》以下ことごとく討ち取られてしまった。この高天神城の落城によって、遠江における徳川氏と武田氏との戦いは終焉を迎えたわけである。

高天神城攻めと信長

高天神城をめぐる攻防戦は、徳川氏対武田氏の戦いのうちの一部分である。この城をめぐって、両者の戦いが繰り返されてきた。最後の戦いも、やはり徳川氏と武田氏との戦いだったはずである。ところが、この包囲戦の最後の段階で、信長が明確な形で姿を現すようになるのである。

包囲戦も大詰めの段階に入った天正八年十二月二十日、信長から陣中見舞いの使者がやってきた。猪子《いのこ》高就《たかなり》・福富秀勝《ふくずみひでかつ》・長谷川秀一《はせがわひでかず》・西尾義次《よしつぐ》の四人である。家康は、家忠たち三河衆を連れて、小笠《おがさ》まで迎えに出た。使者たちは、陣見舞いを終えた後、二十二日に帰国する。家康は、老臣酒井忠次を伴って浜松まで送っている（『家忠日記』）。

使者の報告に応じる形で、年が明けるや信長は、高天神城攻めの陣に援軍を派遣した。三河刈谷及び尾張緒川を領地とする水野忠重、尾張常滑《とこなべ》の水野守隆《もりたか》、それに尾張知多《ちた》郡の大野《おおの》衆、いずれも信忠軍団に所属する面々である。

高天神城攻めに関する信長の意思をはっきりと表しているのが、正月二十五日付けの、水野忠重宛て朱印状である（『愛知一一』一四二二）。これによると、城方から矢文《やぶみ》で、城兵を助命するならば高天神城だけでなく小山城・滝堺《たきざかい》城も開城する、という申し出があったらしい。それに対して信長は、一、二年中に駿河・甲斐に攻め込むつもりである、勝頼が出陣してくればなおも手間が省ける、降伏を受け入れないよう家康を説得せよ、と命じている。水野たちを前線に送ったのは、援軍というよりも、家康の目付を務めさせるためだったのだろう。

信長が高天神城攻めに関わるようになることについては、平山優氏・丸島和洋氏が解明している。つまりこの時期、前述した経緯により甲相同盟が破綻してしまったため、勝頼がさかんに信長に対して親善を求めており、それに対して信長が拒否の姿勢を通しているのである。信長にしてみれば、信玄に出し抜かれて以来、武田は不倶戴天の敵になっている。前年十二月に陣中見舞いの名目で使者を送った時、家康の態度に甘さを感じ取ったのではなかろうか。降伏を受け入れさせてはならない、その気持ちが、その直後の水野たちの派遣になったものと思われる。

織田信忠の信濃進攻

天正十年二月一日、信濃木曾を領している木曾義昌《よしまさ》が、東美濃の遠山友忠《ともただ》を通じて信長に内通してきた。信長はこれを受けて、一気に武田氏を葬り去る計画を立てるのである。

まず二月三日、先発隊として、信忠軍団に属する森長可《もりながよし》と団忠正《だんただまさ》が岐阜を出陣した。まるで事前に木曾と連絡があったかのような素早い対応だった。十二日、先鋒《せんぽう》の大将信忠が出陣した。岩村で河尻《かわじり》秀隆《ひでたか》ら信忠軍団の諸将や遊撃軍団を率いる滝川一益《たきがわかずます》と合流、大軍を編成し直してから信濃に入った。

南信濃の国人《こくじん》の心はすでに武田氏を離れていた。松尾城の小笠原信嶺《おがさわらのぶみね》のようにあっさりと降参する者、飯田城・大島城の守将のように戦わずして逃げてしまう者が相次いだ。そのため、森・団の先発隊は少数だったはずだが、やすやすと信濃南部を突き進んだ。

穴山信君《あなやまのぶただ》といえば、信玄の甥で婿でもある武田家中ナンバーワンの重臣である。この時、駿河江尻城の城主として、遠江方面の徳川軍に対する押さえ役だったが、彼までもここで裏切るのである。

勝頼は諏訪まで出陣していたが、穴山の裏切りを聞いて新府《しんぷ》城に戻った。七、八千もいた兵の大半が退却の途中で逃亡し、新府城に着いた時には一千にも足りなかったという。

信濃に入った信忠は、それこそ無人の野《や》を行くかのように北上していった。それなのに、信長のほうは、他方面の用件などのため出陣の予定がどんどん延びるのである。それにもかかわらず信長は、自らの手で武田氏の息の根を止めたいと願っていたらしい。信忠の快進撃を見てかえって焦ったらしく、補佐役の滝川一益や河尻秀隆に宛てて次のような指令を送っている（信長文書九六八、九六九、九七二、九七三）。

「信忠は若いので、この機会に一人でがんばって名を上げようという気持ちが見える。そのため軽率な振舞いがあるだろう。失敗したら取り返しがつかないから、その覚悟をさせるように」

「信忠のこと、自分が出陣するまで先を越さないよう、説得することが大切だ」

「勝頼のところには、自分がその地に出陣して、大軍で追い詰めるつもりだ。それまでは違反のないよう行動を見合わせているように」

何度もうるさく言われて信忠は、大島城まで進んだところでいったん進撃を止めていたようである。だが、勝頼が諏訪から新府城に戻ったと聞いて、武田方の信濃の要衝である高遠《たかとお》城へと向かった。

武田氏の滅亡

三月一日、信忠の軍が高遠城を囲んだ。守将仁科信盛《にしなのぶもり》（勝頼の弟）以下勇戦したものの、翌日城は落ちた。

高遠落城の報は、その日のうちに新府城にいた勝頼に届いた。翌三日早朝、勝頼は側近たちを連れて新府城を出発した。目指すは、一族の小山田信茂《おやまだのぶしげ》の居城岩殿山城《いわどのやま》である。

信長の出陣はどうなったのか。三月五日、ようやく安土を出陣するのである。七日に岐阜に逗留する。その七日には、信忠は甲府に入った。そして、そこに潜んでいた武田一族の者たちを探し出し、ことごとく殺害した。殺された者の中には、信玄の二男（勝頼の異母兄）の龍宝《りゅうほう》、信玄の弟の逍遙軒《しょうようけん》信廉《のぶかど》、同じく一条信龍《いちじょうのぶたつ》も含まれていた。

信長は十一日に岩村に着く。信濃に入るのは、翌々日である。なんと信長がまだ信濃に入る前に、武田氏は滅亡してしまうのである。

岩殿山城を目指した勝頼の一行が駒飼《こまかい》に着いた時、小山田信茂から冷淡な連絡を受けた。勝頼主従を受け入れられないというのである。最後の頼みだった小山田まで裏切ったのである。もう勝頼には打つ手はなかった。天目山《てんもくざん》を臨む田野《たの》に急ごしらえの陣屋を作り、そこに止まった。勝頼の周りには四十一人の者しかいなかったという。

十一日、勝頼主従は滝川一益の軍に見つけ出された。四十人余りではもういくさにならない。それでも武田の武士たちは、最後の奮戦をしながら討ち死にしていった。勝頼は観念して陣屋に入り、そこで切腹した。嫡男信勝《のぶかつ》、後室《こうしつ》（北条氏政の妹）も一緒に死んだ。

家康の穴山誘降

この武田氏との最後の戦いにおいて、家康は大きな役割を果たす。それは、穴山信君を誘降したことである。では、この戦いの中の家康の行動を、一次史料である『家忠日記』を中心にたどってみよう。

家康が浜松を出陣したのは二月十八日、その日のうちに掛川まで進む。二十日、駿河田中城を攻略する。二十一日、駿府に着陣し、持船《もちふね》城を囲んだ。守将朝比奈信置《あさひなのぶおき》はよく耐えたが、二十九日に城を開け渡した。

『家忠日記』には、三月一日に穴山が味方になったこと、四日に家康の陣を訪ねて太刀その他を進上、家康からも刀・鉄砲の返礼があった、と記載されている。

穴山が武田を裏切った時点については、『信長公記』には、二月二十五日に甲府にいる人質を逃亡させたので、二十八日にそれを聞いた勝頼が諏訪から帰陣した、とあるから、二月の下旬のことであろう。すでに進軍の途中にいた家康に通じているのである。家康は信長に連絡する一方、同年三月二日付けで穴山に書状を送り、信長から穴山に甲斐一国が与えられるよう取り成すこと、不成功の場合は、自分が扶持《ふち》を補塡すると約束している（『記録御用所本古文書』）。この武田氏との戦いは、信忠の軍事的活躍ばかりが目立つが、家康の穴山誘降も、見過ごしてはならない大手柄だったはずである。

家康はその後、南方から甲斐に入り、身延・市川を経て、十一日に甲府に至る。穴山もそれに同陣したのだろう。ちょうど勝頼が天目山で最期を遂げた日だが、家康は穴山を伴って、信忠の陣を訪ねている。

信長は、三月十九日に諏訪に着陣。ここに十三日間もとどまって、占領地の知行割《ちぎょうわり》を行うなど新しい東国の支配体制をつくった。家康はすぐに諏訪の陣に駆けつけて信長と会見した。穴山も二十日の夜に、馬などたくさんの進物を持って拝謁している。信長からも返礼があったばかりでなく、めでたく本領安堵《ほんりょうあんど》の内諾を受けた。

旧武田領国の分配

武田氏の旧領は、甲斐・信濃・駿河・上野の四カ国のほぼ全域に及んでいた。この広域にわたる国々を手柄のあった者たちに分配し、新しい支配体制をつくることが、信長の当面の仕事である。

まず信長は、滝川一益を呼んで彼に上野一国と信濃二郡を与え、「関東八州の御警固」及び「東国の儀御取次」を申し付けた。後世の本では「関東管領《かんれい》」と呼んでいる役割である。北条氏をはじめとする関東の大名たちを統轄し、さらに奥羽の群雄をも従属させるという重職である。

そのほかの武田氏の旧領は、次の通りに分け与えられた。

駿河一国　徳川家康

甲斐一国　河尻秀隆・穴山信君

信濃　四郡―森長可、二郡―木曾義昌、一郡―毛利長秀《もうりながひで》、一郡―河尻秀隆

河尻には甲斐一国宛行《あてが》いということなのだが、穴山の本領を安堵したので、その替地として信濃諏

訪郡を与えるということであった。したがって、穴山の本領というのは、諏訪一郡にほぼ匹敵するということだろう。

それにしても、ここで家康が織田諸将と並んで宛行いを受けていることは、注目されねばならない。家康は、実質上信長に従属する存在とはいえ、その身上はあくまでも「同盟者」であって、滝川・河尻などの織田諸将とは別格なはずである。

しかし、この時家康が信長から宛行いを受けたと書いているのは、信長側の史料である『信長公記』だけではない。徳川幕府の関係者の手に成ると思われる『当代記』にも、「駿河国家康へ下さる」とあるし、徳川氏創業史の一つである『三河物語』でさえも、「駿河をば家康へ遣わされて」という表現を用いている。やはり、この時の駿河は、明らかに信長からの「宛行い」なのであろう。

『家忠日記』では、この頃の信長を「上様」と呼んでいる。家康の家臣でさえ、信長と家臣との間には縦の関係が生じていることを認めざるをえなかったのだろう。

三　信長と朝廷との関係

三職推任の使者

東国の支配体制を定めて、信長は凱旋の途についた。四月二日に諏訪を出発、甲府を経由して駿河に出、富士山を見物しながらゆっくりと西へ向かった。この道中の大部分は家康の領地だった。家康は至る所に茶屋を建てるなどして、信長に不自由をさせないよう気を遣った。「家康卿万方《よろずかた》の御心《おこころ》賦《くば》り、一方ならぬ御苦労、尽期《じんご》なき次第なり」と『信長公記』に評されている。

信長が安土に戻ったのは四月二十一日だった。翌々日には、戦捷参賀《せんしようさんが》の勅使《ちよくし》が安土を訪れた。ところが、それからわずか十日後にあたる五月四日、またも勅使が安土に派遣されたのである。今度は、「太政大臣《だいじようだいじん》」「関白《かんぱく》」「将軍」の三職のうち、信長の思いのままの官職に任じよう、という使者であった。

信長は正二位《しようにい》右大臣《うだいじん》にまで官位を進めたが、天正六年四月に突然、右大臣・右近衛《うこんえの》大将の職両方を辞任してしまった。以来四年間、正二位の位階はそのままだが、官職には就いていない。朝廷としては、最高の実力者というより今や独裁者になりつつある信長を、何かの官職に就かせておきたいのである。

勅使に対するこの時の信長の返事については、この場では保留しておき、来たる上京の時に返事をするとした、だが、本能寺の変によって信長の意思は永遠の謎になってしまった、というのが定説になっていた。それに対して堀新氏は、勅使に同行した勧修寺晴豊《かじゆうじはれとよ》の日記『天正十年夏記』（『晴豊記』の断簡）の細かい分析により、信長ははっきりと就任を断ったのである、と断定している。晴豊がその後の日記に信長の官職のことを触れていないこと、信長上京の時に朝廷に除目《じもく》をめぐる動きがないこと等を見ると、少なくともすぐの任官は拒否したものと思われる。

信長と正親町天皇

信長が中央で権力を振るっていた時代、天皇はずっと正親町《おおぎまち》天皇である。その生年は永正十四年（一五一七）、信長より十七歳も年長である。

天皇の個性が歴史の文献で取り上げられることは少ない。正親町天皇も例外ではなかったのだが、一九九二年に今谷明氏が『信長と天皇―中世的な権威に挑む覇王―』を刊行し、戦国時代には天皇権威はかえって向上していた、信長の最大の敵は正親町天皇だった、という説を打ち出してから、その個性がかなり見直されるようになった。

もちろん今谷氏の説は広く受け入れられているとは言い難いが、信長と正親町天皇を中心とするこの時代の朝廷勢力との関係については、大勢の研究家から様々な見解が発表されている。そしてそれらの説が、融和か対立かという点において、極端に分かれているのである。

融和か対立かの議論の基本となるのは、信長が正親町天皇に譲位させたがっていたかどうか、という点に集約できよう。対立説の立場に立てば、信長が右大臣・右大将を辞官したのも、左大臣や三職を素直に受けなかったのも、馬揃《うまぞろ》えの企てすらも、天皇に譲位を迫る手段になるのである。今谷氏に言わせれば、信長は、自分の意のままにならない正親町天皇が煙たくて、いろいろと対抗手段を講じたが、結局は敗北したとのことである。

しかし、融和説論者に言わせれば、老齢の天皇は早くから譲位を望んでいた。ただ、院御所《いんのごしょ》の造営など別な問題があって、事がスムーズに運ばなかったにすぎない、という解釈になる。

ここで一つ一つの事象を取り上げて論議する余裕はない。だが、公武関係は協調・融和が基本であり、いわば、公武は相互補完的に存立している、という堀新氏の説を紹介しておきたい。室町幕府—豊臣政権—江戸幕府と通じて、武家政権と朝廷との協調・融和は続いている。なぜ、織田政権だけ例外と考えるのだろうか。

信長は個性が強いだけに、何事においても極端に解釈されやすい。自己神格化説によって天皇の上に立とうとした、などという説は、その端的なものであろう。信頼できる史料を正しく解釈するという史学の原点に立ち帰ることにより正確な信長像を追求した時、対立という結論は見えてこないのではなかろうか。

第九章　本能寺の変

一　家康の西上

安土での饗応

天正十年（一五八二）五月、家康は、武田攻めの恩賞として駿河一国を与えられた礼のため、安土へと向かった。本領安堵を受けた穴山信君もそれに同道した。安土に入ったのは、五月十五日のことである。

家康一行の饗応を任されたのは明智光秀であった。彼は京都・堺で珍物を調達し、三日間にわたって接待に努めたという。十七日に接待役を免じられたのは確かだが、それは中国方面への出陣を命じられたからであって、よく言われているような、家康一行の接待が不出来だったから、という理由ではない。それどころか、この時の接待のすばらしさは遠く奈良にまで聞こえている。興福寺の学侶《がくりょ》（学問をする僧侶）による日記、『多聞院日記《たもんいんにっき》』には次のように書かれている。

「家康ならびに駿河の穴山入道十五日に安土へ来る云々。事を尽たる翫《がん》用意。惣見寺《そうけんじ》を座敷に用意、唐和《からわ》の財にて粧《よそおい》と云々。言慮に及ばざる事ども也と」

贅《ぜい》の限りを尽くしたものであったことが、この記述からうかがわれる。

さらに家康は、十九日、二十日と安土で手厚いもてなしを受けた。この間、光秀に代わって接待役を務めたのは、菅屋長頼《すがやながより》・堀秀政・長谷川秀一といった信長の代表的側近、それに部将の丹羽長秀《にわながひで》といった面々だった。最高のスタッフといってよい。しかも、二十日の宴会の時には、信長自ら家康の膳を据えるという大サービスまで演じた。

前章で検討した通り、この頃の家康は、実質上信長の家臣といってよい。しかし、このもてなしぶりを見ると、やはり家臣とは一線を引かねばならないようである。「天下人」信長に従属し、「宛行い」を受ける立場でありながら、なんとか家臣化の手前で踏み止まっている家康の姿がそこにある。

家康の上洛、堺入り

五月二十一日、家康は安土から上洛した。信長は案内役として、側近の長谷川秀一を付けてくれた。信長の長男信忠も同道した（『言経卿記《ときつねきょうき》』）。信忠にはかなり多数の馬廻《うままわり》たちが従ったと思われるから、家康の上洛は賑やかだったものと思われる。信長は家康に、京都ばかりでなく、大坂・奈良・堺もゆっくりと見物することを勧め、大坂に在陣する丹羽長秀と津田信澄《つだのぶずみ》にそのもてなしを命じた。

京都における家康の動きについて記した史料はない。二十九日に穴山と一緒に堺に入ったことは確かだが、京都を出発したのが二十八日なのか二十九日なのか、途中大坂に寄ったのか寄らなかったのか明らかでない。二十九日だったとしたら、信長の上洛と入れ替わりということになる。家康は二日後の六月二日に京都に戻って信長に会見するはずだったから、その予定には大坂・奈良見物はなかったのかもしれない。

堺に入った二十九日の晩、早速堺代官の松井友閑《まついゆうかん》の宴会に招かれた（『宇野主水《うのもんど》日記』）。どこへ行ってもてなしだった。翌朝は今井宗久《いまいそうきゅう》の邸宅で茶会、夜は夜で友閑のところでまた茶会である。ここでは茶会の終わった後、幸若舞《こうわかまい》と酒宴が催された。この六月一日の晩は、京都本能寺にいる信長の就寝は遅かったと思われるが、堺の宿所の家康も寝付くのは深夜だったのではなかろうか。

二　本能寺の変勃発

本能寺の変前日の賑わい

信長が京都に入ったのは、二十九日の申刻《さるのこく》（午後四時頃）だったが、公家《くげ》たちの迎えを断り、宿所の本能寺への訪問も許さなかった。その代わり翌六月一日の本能寺は、たいへんな賑わいになった。勅使の権大納言《ごんのだいなごん》勧修寺晴豊、皇太子の使権大納言甘露寺経元《かんろじつねもと》、太政大臣近衛前久《このえさきひさ》とその子内大臣《ないだいじん》信基《のぶもと》、前《さきの》関白九条兼孝《くじょうかねたか》、関白一条内基《いちじょううちもと》、右大臣二条昭実《にじょうあきざね》その他大勢。堂上《どうしょう》公家がほぼ全員顔を揃えていた（『言経卿記』）。

茶が振る舞われ、雑談となった。信長は、並み居る公家衆を前に先の武田攻めの顚末を語った。さらに四日に西国へ向けて出陣する予定であると言い、造作なく平定できるであろう、と自信のほどを披瀝した。なかなか上機嫌だった様子である（『天正十年夏記』）。

夜になってから、妙覚寺《みょうかくじ》に宿泊している長男信忠や天下所司代《しょしだい》の村井貞勝《むらいさだかつ》、それに京都のあちこちに分宿している馬廻たちが訪ねてきた。信忠は家康と堺まで同行するはずだったのだが、急遽《きゅうきょ》父を迎えるように予定変更したのである。

昼間とは違って身内ばかりの宴会である。信長もくつろいだひと時を過ごすことができたことだろう。信忠や家臣たちがおのおのの宿所に戻った後、ようやく信長は寝所に入った。夜もかなり更《ふ》けてからだったと思われる。

早朝の襲撃

信長は境内の外から聞こえる喧騒《けんそう》のため眠りを破られた。京都にいた山科言経の日記には「卯刻《うのこく》」とある。「卯刻」は午前六時前後のことだが、日の出の早さによってかなりのずれがあったようである。内田正男編『日本暦日原典』に拠ると、天正十年六月二日はグレゴリオ暦でいうと七月一日にあたる。最も日の出の早い季節である。午前六時よりかなり早めだったのではなかろうか。

フロイスの書簡には、信長はすでに起きていて洗顔をしていたとあるが、前夜就寝したのはかなり遅かったようである。睡眠時間の少ないのが常だったという信長ではあるが、まだ床に就いていたのではあるまいか。

初めは宿所の外で喧嘩でも起こったのかと思っていたらしいが、そのうち鬨《とき》の声があがり、鉄砲が撃ちこまれた。

「これは謀反か、いかなる者の企てぞ」

この信長の問いに、駆けつけていた森乱《もりらん》（蘭丸《らんまる》）が答える。

「明智が者と見え申し候」

「是非に及ばず」

有名な場面である。この後信長は、まず弓を取り、弦《つる》が切れると今度は槍を取って戦ったと『信長公記』に書かれている。

『信長公記』の作者太田牛一《おおたぎゅういち》は、その場にいたわけではないが、その時まで信長の側にいた侍女が後になって牛一に語ったことをもとにして書いたという。だから、これらの場面は、牛一の想像の産物というわけでもないようである。

しかし、本能寺には、女性を除くと百人ほどしかいなかったと思われる。信長の側と表御堂《おもてみどう》に詰めていた小姓《こしょう》たち、厩番《うまやばん》の武士と中間衆《ちゅうげんしゅう》、これだけである。それに対して、本能寺を囲んだ明智軍は一万三千ともいわれる。信忠の妙覚寺を目指す部隊が分かれていたとしても、七、八千ほどはあっただろう。『本城惣右衛門覚書《ほんじょうそうえもんおぼえがき》』によれば、本能寺の扉は開いていたというから、明智軍は一気に寺中になだれこんだはずである。

惣右衛門たちが先頭きって本能寺の中に攻め込んだ時、寺内は無人に近い有様で静まり返っていたという。この証言の通りであろう。人数が余りにも違いすぎ、合戦の形にはならなかったと思う。したがって、信長が自ら武器を取り、敵と切り結んだという劇的な場面は、あったとしてもほんの短時間にすぎなかったであろう。やがて信長は、御殿に火をかけることを命じ、奥に姿を消した。その最期について太田牛一は、「殿中奥深く入り給い、内よりも御南戸《なんど》（納戸）の口を引立て情なく御腹めされ」と結んでいる。

二条御所での戦い

信長が明智軍の攻撃を受けた時、長男信忠は妙覚寺にいた。本能寺から一キロメートル足らずのところである。信忠は、七年前に織田家の家督を継いで以来織田軍の軍事指揮を執る機会が多く、もう十分に織田家中に求心力を培《つちか》っている。光秀にとって、信忠をも倒さねば謀反は成就したといえない。

光秀は謀反を起こすにあたって、当然本能寺と妙覚寺を同時に襲撃する、という計画を立てたはずである。それなのに、妙覚寺攻撃は遅れたのである。これは、妙覚寺攻撃を担当していた部隊にその原因があるのだろう。おそらくその部隊は、別働隊だった明智次右衛門の隊だったのではなかろうか。行軍の途中で何らかのトラブルがあったのだろう。

それゆえ、信忠のほうは変報を受けた後、いくらかの余裕があった。逃れようと即断したならば逃れられたかもしれない。しかし信忠は、「このような謀反ならば、私が逃れられないように手を打っているはずである。雑兵《ぞうひょう》の手にかかるよりは、ここで腹を切ったほうがよい」と言って、戦う覚悟を決めたという。

ところが、『当代記』には次のようにある。

「光秀は謀反を深く秘密にしていただけに、逃げ道を塞《ふさ》ぐという計画はなかった。もし信忠が安土に向かっていたなら無事だっただろう。運が尽きるとはこのようなものなのか」

たしかに、織田長益《ながます》・水野忠重などなんとか逃れ切った者もいる。ここで信忠が決断して妙覚寺から逃亡していたら、日本の歴史は大きく変わったかもしれない。

この後信忠は、村井貞勝の進言に従い、より守備力の優れた隣の二条御所《にじょうごしょ》に立て籠もることになる。信長が京都の宿所として建設し、三年前に誠仁親王《さねひとしんのう》に献上した邸宅である。

まもなく明智軍が二条御所を取り囲む。信忠は光秀と交渉してまず親王一家を避難させ、そこから戦いが始まった。

不意を襲われた信長とちがって、信忠の周りには、京都のあちこちに泊まっていた馬廻たちが集まっていた。とはいっても、一千まではいなかっただろう。多勢に無勢なのは変わらない。

それでも信忠方は積極的に戦い、三度も明智軍を御所の外へと押し戻したという。しかし、やはり少勢、次第に追い詰められていった。そして最後、隣接する近衛邸の屋根からの鉄砲攻撃にさらされてついに力尽きた。

信忠は観念して自決する。わずか二十六歳。謀反のすべてが終わったのは、午前九時頃であろうか。

本能寺の変の原因について

なぜ明智光秀は信長を襲ったのか。日本史上の謎の一つとして、むかしから様々な説が唱えられてきた。現在もなお、活字・映像いろいろな情報手段によって取り上げられている。諸説をいちいち並べると、数百通りにものぼるであろうか。それほど一般に関心を持たれてきたテーマといえる。

しかし、ここでは、それについて詳しく語るつもりはない。本書のテーマから大きく外れてしまうし、他にそれこそ多数の文献があるからである。ここでは、変の原因についての諸説を、簡単にまとめておくだけにとどめたい。

変の原因については、変が起こった直後より、光秀の信長に対する怨恨によるものだという説と光秀の野望のなせる業《わざ》だという説とがあった。しかし、江戸時代に書かれた物語などでは、怨恨説でほぼ統一されるようになった。

そうした傾向は、明治期になっても変わらなかった。第一線で活躍している研究家が、学術論文としてしばしば本能寺の変の原因について取り上げたが、その具体的理由は様々ながらも、怨恨説から抜け出していなかった。

そのような長年の風潮を断ち切ったのが高柳光壽《みつとし》氏である。高柳氏は、一九五八年に出した『明智光秀』（人物叢書）の中で、それまでの怨恨説が根拠の薄いものであることを実証、変は光秀の野望によるものである、と唱えたのである。ここから本能寺の変の研究は大きく変化していったといえよう。

さらに一九九〇年代に入って、それまでとは基本的に異なる説が登場した。光秀が何者かに操られていたとする、いわゆる黒幕説である。その先鞭をつけたのは「朝廷黒幕説」、次に「足利義昭黒幕説」だが、それに続いて続々といろいろな黒幕説が現れるに至った。しかし、それらのうちの多くはただ奇をてらっただけのいいかげんな説にすぎず、ほとんどは泡沫のごとく消えていった。「朝廷黒幕説」「足利義昭黒幕説」のみはまだ命脈を保っている風だが、概ねの風潮は元来の光秀単独謀反説へと戻っているといえよう。

変の原因についても突飛なもの、史料的裏付けの弱いものは淘汰されてゆき、最近はかなり整理された様子である。筆者の主観も含めてあえて言うならば、変の原因として最も可能性の高いものは次の事件であろう。

天正九年、信長は四国政策の変換を打ち出し、長宗我部元親《ちょうそかべもとちか》の領国を土佐と南阿波に限定することを通告した。当然元親は怒り、長年織田と長宗我部との間に立ってきた光秀が苦境に立たされる形になってしまった。

この四国問題が謀反の引き金になったと考えるべきではなかろうか。

三　家康の伊賀越え

堺からの逃避

変のあった六月二日、堺にいる家康はどうしていたのだろうか。その動きについて細かく記しているのは、本願寺顕如《けんにょ》の右筆《ゆうひつ》宇野主水《うののもんど》の記した『宇野主水日記』である。それによると、この日の朝家康は、信長に会うため「ふたふたと上洛」したとのことである。

そして、この記事の末尾に細字で、「これは信長御生害《しょうがい》ヲ知テ、計略ヲ云テ上洛也」と書かれている。ただし『大日本史料』編者によると、この文字は墨色が本文と異なっており、「当時ノ追記ナラン」ということである。

家康の伊賀越えを最も詳しく伝える史料は、なんといっても『石川忠総《ただふさ》留書』である。この本には、二日に堺を出て四日に長太《なご》の港に着くまでの行程を細かく追っている。しかし、この史料はあくまでも聞き書きである。石川忠総の生まれはもともと大久保家、かの彦左衛門の甥の子で、石川家に養子に入った人物である。その出生年はまさに天正十年、家康の伊賀越えの年なのである。伊賀越えには大久保氏も石川氏もそれぞれ何人か従っているから、忠総は実家・養子先の両家の人間からいろいろと話は聞いたにちがいない。今谷明氏の評によれば、その記事は他の史料と照合してみても正確で、伊賀越えの基本史料として尊重すべきものであるという。しかし、あくまでも聞き書きであって、直接の見聞ではないから、そのあたりを心して接することが大切であろう。

ところで、この『石川忠総留書』には、家康が上洛する途中で京都から下ってきた茶屋四郎次郎《ちゃやしろうじろう》と会い、変について知らされたとある。京都と堺の間は五〇キロメートル余りもある。変報が届くのは午後になってしまう。家康の動きが早かったのを思えば、これが正しいのではなかろうか。

家康は堺に戻らず、三河への帰国を決断した。案内役の長谷川秀一も一緒だった。それに、武田の旧臣穴山信君もずっと同行していたのである。

家康一行の経路

こうして、いわゆる家康の伊賀越えが始まる。後世、「神君《しんくん》生涯の危難」と評された危機的状況であった。敵は、明智方の討手ではなく、落ち武者狩りの土民たちである。周囲を固める武士は数十人にすぎなかっただろう。それも武装などしていない。武装した土民の集団に襲われれば、抵抗できないのである。

これまでこの時の逃避行の経過については、『石川忠総留書』の記事をもとに語られてきた。だが、先に述べた通り、この史料は全幅の信頼を置くべきものではなかろう。ともかく確実なことは、次の四点のみである。

①六月二日の朝のうちに、家康と穴山たちの一行が堺を出発したこと。

②途中で穴山が一揆のため命を落としたこと。
③途中、近江甲賀郡《こうか》を経由し、その時、和田定教《わださだのり》が案内したらしいこと。
④家康一行が六月四日の夜のうちに三河大浜に上陸したこと。
そのほかのことは、『石川忠総留書』を軸に『三河物語』『日本耶蘇会年報《やそかい》』の記述、『寛永諸家系図伝』『譜牒余録《ふちようよろく》』等の徳川家臣伝に想像を交えて組み立てるしかない。

まず②の穴山の最期についてだが、『三河物語』によると、家康を疑って途中からかなり後ろを進むようになり、そのため一揆に襲われたという。『日本耶蘇会年報』には、家康と違って家臣が少なかったため略奪に遭ったとある。諸書から推測すると、六月二日のうち、山城綴喜《やましろつづき》郡内で襲撃されたようである。
③については、天正十年六月十二日付けで和田定教に宛てた起請文《きしようもん》(『和田家文書』)によって推測される。和田氏は甲賀郡和田の豪族である。信忠の近臣だったのだが、何ゆえかこの時父祖の地に戻っていて、危機の中にある家康に遭遇したのである。
④については、一次史料である『家忠日記』天正十年六月四日条に「家康いか(伊賀)、伊勢地を御のき候て、大浜へ御あかり候而、町迄御迎に越し候」とあるから、まちがいないであろう。ただ、六月四日の日中はもちろん、夜だったとしても早すぎる。四日条に書かれているけれど、家康の大浜到着は五日の未明と考えたほうがよいのではなかろうか。

こうしてみると、家康が和泉堺を出発して、河内で京都の変を知り、その後、山城—近江—伊賀—伊勢と経て渡海したことまではまちがいなさそうである。今谷氏は、『石川忠総留書』から、次の行程及び走行距離を出している。

六月二日　堺—宇治田原（十三里）　山口館泊
三日　宇治田原—甲賀小川（六里）　小川館泊
四日　甲賀小川—長太（十七里）　乗船

先に述べた通り、そのままに信じるわけにはゆかないにしても、大きな誤りはないものと思う。こうして家康は、なんとか危機を切り抜け、三河にたどり着いたわけである。

山崎の戦いと家康の動向

六月五日に岡崎城に戻った家康は、ただちに西方への出陣を命じた。松平家忠もすぐに在所の深溝《ふこうず》に戻り、準備をしている。変を聞いた尾張や伊勢の国衆たちの大勢が、家康と一緒に出陣することを希望したと『家忠日記』に記されている。

ところで、『家忠日記』の六月三日条には、早くも変報が載っており、西方への出陣準備の命令がなされているのである。同日記、六月三日条を引用しておく。

「三日、己丑《つちのとうし》、雨降、京都酒左衛門尉（酒井忠次）所より、家康御下候者、西国へ御陣有るべきのよし申し来たり候。（中略）酉刻《とりのこく》ニ、京都にて上様ニ明知日向守《あけちひゅうがのかみ》、小田七兵衛《おだしちびょうえ》（織田信澄）別心《べっしん》にて、御生かい候由、大野より申し来たり候」

西刻は午後六時前後。京都と三河深溝間は一九〇キロメートルほどもある。意外なほど変報が伝わるのは早かったといえるだろう。ところが、この書き方を見ると、家忠の直接の軍事指揮官である酒井忠次からの出陣準備の命令のほうがもっと早く届いていたようである。「京都」と書かれているけれど、酒井は家康一行の一員として伊賀越え途中にある。河内で変を知るやいなや三河に飛脚《ひきゃく》を飛ばしたのだろう。ただし、この飛脚には西国出陣準備の命令ばかりで、変については秘密を守らせたようである。まもなく三河にも変報が伝わるが、家忠が得たのは別ルートからであった。

五日に出陣の準備を急がせたのに、肝心の家康はなかなか出陣しない。九日になってからようやく、家康の出陣は少々遅れるとの連絡が家忠のもとに入った。さらに十日、出陣は十二日になるとの連絡、十一日には、十四日に延期という連絡がもたらされた。十四日になってようやく家康は岡崎城を出陣して西に向かい、鳴海《なるみ》に着陣している。

翌日、上方《かみがた》から注進がもたらされた。京都方面にて、神戸信孝《かんべのぶたか》・羽柴秀吉《はしばひでよし》・丹羽長秀・池田恒興《いけだつねおき》たちが明智光秀を討ち取ったという情報がある。家忠が記したということは、家康以下主立った者たちはみな知ったはずである。

それでも松平家忠の属する酒井隊は、先鋒《せんぽう》として津島《つしま》への進軍を命じられた。そのまま二日間着陣する。おそらく家康から秀吉に戦捷《せんしょう》を祝す手紙を遣わしたのだろう。その返事次第で次の動きが決まるのである。

十九日、鳴海の家康陣に羽柴秀吉から連絡があった。上方の擾乱《じょうらん》はすでに治まった、貴殿は早々と帰陣するように、との内容だったという。家康はすぐに帰陣命令を出し、軍勢は結局何もしないまま帰陣ということになったのである。

これら一連の家康の動きは、どのように説明するべきであろうか。最も不審なのは、上方からの引き上げ、出陣準備が驚くほど素早いのに引き換え、出陣とその後の動きがあまりにものろいことである。

その回答は、この時の家康が「両方にらみ」の作戦をとった、ということであろう。伊賀越えで三河に戻るまでの家康は、酒井から家忠への連絡にあった通り、西方への出陣を予定していた。しかし、三河に戻って周囲を眺めたとたん、もう一つの作戦がひらめいたのではなかろうか。

甲斐・信濃・上野といった武田氏の旧領の領主たちは、まだその地の支配が始まって二カ月ほどにしかならない。武田氏旧領の国人たちにしろ、関東の大名たちにしろ、織田権力による支配を歓迎していたわけではない。信長という絶対的権力があってこその服従なのである。ここでその権力が失われたことを彼らが知った時、どのような動きを見せるだろうか。

家康が最も注目したのは、甲斐を拝領した河尻秀隆の動きだったと思われる。何といっても甲斐は武田氏の本拠地であって、最も武田氏の影響の根強く残っている地域である。ただでも新しい支配は浸透しにくい。その上河尻は、いっさい武田の旧臣を召抱えようとしないという、旧来の勢力と妥協しない方針をとってきた。国の中に不満が鬱積していたことは、明らかなのである。

さらにもう一つ、家康を駆り立てるものがあった。もう一人の甲斐の領主である穴山信君の領地が、現地領主不在になっていることである。堺からの逃避行の途中、穴山が一揆のため殺されたのは、先述した通りである。彼の領地は巨摩《こま》郡一帯にある。

『当代記』には六月十日ごろとあるから、家康が岡崎城に戻った後、出陣を延期している時にあたるが、甲斐の河尻のもとに本多信俊《ほんだのぶとし》を派遣した。信俊は今回の上洛に随行した一人だから、上方の情報について詳しく話すことによって、河尻を甲斐から引き上げさせようというのが目的だったのだろう。

使者の信俊は、十四日、河尻に殺される。しかし、蜂起した一揆によって、十九日に河尻も死に追いやられ、結果的には家康の思惑通り甲斐は「主《あるじ》なき国」になってしまうのである。

このような家康の甲斐への干渉を見ると、家康が岡崎からの出陣を遅らせ、なおかつ遅々として進まなかったのもわかる。東方の様子を見ながら、西方へと向かったのである。

第十章　ポスト信長の世界

一　清須会議と羽柴秀吉の台頭

清須会議

六月十三日に展開された山崎の戦いで、明智光秀は惨敗して勝龍寺《しょうりゅうじ》城に逃げ込む。そしてその夜、城を出て近江へと向かう途中で土民の手にかかって最期をとげた。本能寺の変からわずか十一日後のことである。

明智軍を撃ち破ったのは、神戸信孝・羽柴秀吉・丹羽長秀・池田恒興たちによって構成された連合軍だった。信孝はほかならぬ信長の息子であり、この戦いにおいて、表向きには主将として立てられたものと思われる。

しかし、軍勢の主力は、秀吉とともに中国大返しで上ってきた兵だった。山崎の戦いは、実質上明智光秀対羽柴秀吉の戦いだったのである。

秀吉は山城・近江・美濃と動いて、明智方の残党を平らげてゆき、二十一日頃に尾張清須《きよす》城に入った（『大阪城天守閣所蔵文書』）。丹羽・池田たち主立った織田家臣も追々入城してきた。

彼ら織田家臣たちには、緊急に話し合って決定しなければならない課題があった。課題は大きく分けて二つ、一つは織田家の家督を決めること、もう一つは欠国《けっこく》（領主のいなくなった地域）を分配することである。

織田家臣の中の最右翼というべき存在は、なんといっても柴田勝家《しばたかついえ》である。彼が不在では会議を催すわけにはゆかない。勝家は変の時、越中で上杉氏と戦っていたが、変報を聞いて軍を納めている。その後も敵対勢力の抵抗のため、弔い合戦どころではなかった。そればかりでなく、清須到着も遅れてしまったのである。

勝家の到着を待って、六月二十七日に会議は催された。会議の出席者はわずか四人。勝家・秀吉のほかは、丹羽長秀と池田恒興だけである。本来この顔ぶれに連なるべき地位を認められていたのは滝川一益だが、彼は敵対してきた北条氏と戦って敗れ、上野から信濃経由で上る途中にあり、会議には間に合わなかった様子である。

会議は、終始羽柴秀吉がリードしたようである。筆頭老臣の柴田勝家といえども、弔い合戦の功績には対抗できなかったといえる。それよりも、信長の遺子である二男信雄《のぶかつ》と三男信孝が織田家督を争うという醜態を演じ、秀吉に付け入る隙を与えてしまったことが大きい、と言うべきであろう。新しい織田家督として満年齢二歳の幼児三法師《さんぼうし》が推薦されたのに対し、勝家も反対することができなかったのである。欠国の分配においても秀吉は、畿内の山城・河内に丹波まで加えることになった。興福寺の多聞院英俊《えいしゅん》は、次の感想をその日記に書いている。

「大旨ハシハ（羽柴）カママノ様也」

この清須会議における成果を足掛かりとして、秀吉は迅速な飛躍を遂げるのである。

秀吉の台頭

清須会議で決まった新しい体制は、次の通りである。これをとりあえず「清須体制」と呼ぶことにしよう。

織田家督（天下人）　織田三法師
後見役　織田（旧北畠《きたばたけ》）信雄・織田（旧神戸）信孝
執権　柴田勝家・羽柴秀吉・丹羽長秀・池田恒興
三法師の傅役《もりやく》　堀秀政

ここに「執権」としたのは、清須会議を行った四人で、そのまま「天下の政道《せいどう》を行う」（『惟任《これとう》謀反記』）メンバーに移行したのである。

この体制の外見を見る限り、秀吉の野望は感じ取れない。それが秀吉一流の駆け引きといえる。幼児三法師の傅役である堀秀政と秀吉とは、以前より肝胆相照《かんたんあいて》らす仲だったようである。そして秀吉は、徐々に丹羽・池田をも手なずけてゆく。もちろん、勝家を孤立させて追い込んでしまうのが目的である。

一方の勝家は、まったく天下への野心などとは無縁の男だった。それゆえ、秀吉が京都近辺で着々と天下取りの動きを進めている間も、自領の越前を動かなかった。

信孝は早くから秀吉の野望に危機感を持っていたようである。そうした勝家を動かして、反秀吉陣営を形成した。清須体制に不満だった滝川一益もその陣営に参加した。こうして旧織田家中は、秀吉陣営と反秀吉陣営の二つに分裂してしまうのである。

しかし、畿内を掌握し、過半数の大名を味方にしている秀吉方の優勢は明らかである。十月十五日、秀吉は、京都大徳寺において信長の葬儀を大々的にやってのけた。反秀吉陣営への挑発となるのを百も承知の行動である。

秀吉にとって、勝家は先輩とはいえ同格の織田家家臣だから問題ない。だが、信孝は主筋に当たる。しかも、清須会議で立てた主君の三法師を、岐阜城に抱え込んだまま離さない。ここで秀吉は、信雄を主君として立てるという、思い切った作戦を実行に移すのである。

十一月一日付けで秀吉が、家康の家老石川数正に宛てた書状がある（『愛知一二』二〇九）。その書状の中に、次の文言がある。

「柴田所行《しょぎょう》をもって三七殿《さんしちどの》（信孝）御謀反を企てられ候条、此《これ》の上は惟五郎左衛門尉（丹羽長秀）・池田勝三郎（恒興）・我等申し談じ、三介殿《さんすけどの》（信雄）を御代に相立て、馳走申すべきに大方相究《きわ》め候」

秀吉は、「織田家督」という甘言《かんげん》で信雄をつって、信孝に対抗したのである。それも、丹羽・池田との合議という形をとり、自分が独断的に決めたことではない、という体裁を作ることを忘れなかった。

このようにして、清須体制は、わずか四カ月で完全に崩壊した。代わって表れたものは、羽柴秀吉の専制とそれに対抗する柴田勝家たちの争いだったのである。

二　家康の独立

家康の甲斐進出

伊賀越えで三河に戻った家康は、西方への出陣準備を進める一方、甲斐の奪取を目論んだ。そして、そのため本多信俊を河尻秀隆のもとに派遣したことについては、すでに前章で触れた。実はこの時、本多だけでなく岡部正綱《おかべまさつな》と曾根昌世《そねまさよ》、さらに譜代《ふだい》の大須賀康高《おおすがやすたか》も、家康の手によって甲斐に遣わされているのである。

岡部・曾根は武田の旧臣で、武田氏滅亡直前に家康に従った者である。家康は、この二人を即座に利用したのである。酒入陽子氏の論考によると、甲斐に住んでいる旧武田家臣に対する曾根の影響力はかなり強いものがあった、ということである（酒入一九九九年）。

岡部・曾根二人が連名で所領安堵を伝えた判物《はんもつ》は、この年六月十二日付けのものから見られる。大須賀からのものは同月十七日付けが初見で、これは岡部・曾根と三人の連署状になっている。その後の所領安堵は大須賀が単独で行っているが、堂々と黒印《こくいん》を捺《お》した印判状であり、まるで家康が甲斐に入国するまで代行を務めている風である。

ところで、それらのうちで最も早い時点で発給された、天正十年六月十二日付け岡部・曾根連書状を見てみよう（『古今消息集』）。

この文書は、旧武田家臣と思われる加賀美右衛門尉《かがみうえもんのじょう》という者に、その領地を安堵した判物である。安堵した地は、万力《まんりき》など山梨郡内の地七カ所都合四十三貫文余である。

三月末の信長の宛行いによると、甲斐は河尻秀隆に与えられたが、一部は「穴山本知《ほんち》分」として穴山信君に安堵されている。岡部・曾根によって加賀美に安堵された地は、穴山の領地に属する地域なのだろうか。河尻・穴山の支配地を明確に分けることは困難だが、「穴山本知分」はだいたい巨摩郡にまとまっており、山梨郡は河尻の支配下だった可能性が高い。そうだとすると、領主河尻がいるのにかかわらず、家康の家臣がその領域内で勝手な振舞いをしていることになる。

家康が本多信俊を河尻のもとに遣わしたのは、『当代記』によれば六月十日頃という。『三河物語』には、家康が不穏な甲斐の状態を察して助力を申し出たとあるが、その一方でこんな勝手なことをしていては、河尻ならずとも家康に対し疑心を抱くのは当然であろう。結局信俊は河尻に殺され、河尻もまた一揆の蜂起によって命を失うのである。その一揆を鎮めたのは、有泉大学助《ありいずみだいがくのすけ》をはじめとする穴山衆たちだが、彼らは六月二十二日付けで家康に手柄を賞されている（『伊藤本文書』）。家康は、一揆の蜂起も読んでおり、掌握していた穴山衆を動かして一揆を鎮圧させたように思われる。初めから終わりまで家康の筋書き通りに進んでいるような気がしてならない。

五カ国支配へ

甲斐の河尻が倒されたところで、東国における織田権力による支配は幕を閉じた。この後、家康は甲斐にとどまらず、信濃へも侵略の矛先を向けるのだが、それを詳述すると面倒になるので、簡単にまとめて叙述するにとどめたい。

信濃侵略は、家康だけでなく、北条氏・上杉氏を合わせた三者競合の形になる。家康は南方から、北条氏直《うじなお》は東方から、上杉景勝は北方から信濃に進出したのである。

北条軍対上杉軍が大軍同士で対峙するという場面もあったが、やがて南信濃と甲斐をめぐっての徳川と北条との争いにしぼられるようになる。八月には、若神子《わかみこ》での大軍同士の対陣があり、局地戦もあった。しかし、全面的な衝突には至らないまま、十月下旬に和議が成立する。和議の主要な条件は次の二点である。

一、上野一国は北条氏領、信濃佐久《さく》郡・甲斐都留《つる》郡は徳川領とする。

二、家康の娘（督姫《とくひめ》）を北条氏直の正室《せいしつ》とする。

北信濃はだいたい上杉氏に従属している。木曾郡は木曾氏の支配が浸透している。ここで家康が新たな領域として組み込んだのは、甲斐全域及び佐久郡以南の信濃、つまり佐久・諏訪《すわ》・伊那郡の三郡である。三河・遠江・駿河に併せて、甲斐と信濃半国、合計五カ国を支配下に置くことになったのである。

講和成って、両者は人質を取り交わし、北条氏は早くも十月二十九日に軍を撤退させる。しかし、家康はしばらくの間甲府にとどまって甲斐・信濃の政治に精を出すのである。その帰陣は十二月十二日であった。

三　秀吉の天下へ

賤ヶ岳の戦い

家康が甲府から軍を引いたのとほぼ同じ頃、西方では逆に秀吉の軍事行動が開始されていた。まず勝家の甥の柴田勝豊《かつとよ》が守っている長浜《ながはま》城を攻めて、開城させる。続いて美濃に攻め込み、信孝の岐阜城に攻めかかった。美濃衆たちは次々と信孝を離れて秀吉方に付き、信孝は保護していた三法師を渡してあっけなく降参してしまう。

伊勢では滝川一益が反秀吉を旗印に立ち上がったが、攻勢に出るだけの力はなく、ひたすら北伊勢の味方の城を固めるのみであった。秀吉は、信雄と協力して、二月になってこの方面をも攻撃した。このように味方が秀吉の軍に攻撃されているのを見ながらも、越前にいる勝家は、積雪に阻まれて軍を出せなかったのである。

勝家が居城の北庄《きたのしょう》城を出陣したのは三月九日だった。残雪を割りながら北近江まで進んだ。秀吉の軍はすでに北近江に陣を布いていた。両軍合わせて五、六万といわれる大軍が、狭隘《きょうあい》な山岳部に散って対峙したのである。

わずかな局地戦のみで、主力は動かないまま一カ月余りが過ぎた。そうした中、岐阜城でまた信孝が反秀吉の兵を挙げた。それを聞いた秀吉は、手勢《てぜい》を率いて討伐に向かう。その隙に勝家方が攻勢に出たのである。

四月二十日朝、勝家方の先鋒隊佐久間盛政《もりまさ》が、秀吉方の中川清秀《なかがわきよひで》の守る大岩山《おおいわやま》砦を急襲、ここを占領した。敵の布陣の中に割り込むという「中入り《なかいり》」の形となったのである。二十日夕方美濃大垣で注進を受けた秀吉は、このチャンスに賭けた。わずか五時間で十三里（約五十二キロメートル）の道のりを駆け抜けたのである。いわゆる「大垣大返し」である。佐久間の隊が引き上げる暇もなく、夜のうちにもう秀吉は北近江に戻っていた。

間髪《かんはつ》を入れない秀吉軍の攻撃に佐久間の隊は突き崩され、勝家の本隊も連鎖反応を起こして敗走した。最後はあっけなく勝負はついた。

賤ヶ岳《しずがたけ》の戦いで勝利した後、秀吉は北庄城を攻めて勝家を滅ぼす。続いて信雄を利用し、信孝を自殺に追い込んだ。滝川も秀吉に降《くだ》るしかなかった。こうして秀吉は、天正十一年前半のうちに対抗勢力をことごとく打倒してしまったのである。

小牧の戦い

賤ヶ岳の戦いの後、敵方だった柴田勝家の越前・加賀、織田信孝の美濃、滝川一益の北伊勢などが欠国となり、大幅な宛行い、国替えが行われた。これらは、すべて秀吉の意思のもとに行われたのである。織田家督として祭り上げられた信雄には、宛行権は認められなかった。尾下成敏《おしたしげとし》氏はこの知行宛行権の掌握に加え、大坂城入手、京都掌握などの現象を踏まえて、豊臣政権の成立時期を天正十一年九月と設定している（尾下二〇〇六年）。どこかで線引きをするならば、妥当な結論と言うべきであろう。

このような状況にあって、信雄は次第に不満を露《あら》わにする。この年の冬頃から両者の交渉は絶えるようになった。そして信雄は、領国を接する家康に接近してゆくのである。

さて、やや話をもどして、秀吉が急速に勢力を伸ばし、ついにライバルの柴田勝家を倒して実質的に政権を確立させるまでの間、家康はどのように中央政権に関わっていたのだろうか。

甲斐侵略を企てながらも自身しばらく岡崎にとどまっていたのは、清須会議のなりゆきを見守っていたものと思われる。七月三日に浜松を出陣して甲府へと向かってからは、家康は東方の領国拡大に専念する。この間、秀吉方からも勝家方からも誘いがあったが、態度を明らかにしてはいない。ただ、信雄とは織田家督として立てられた存在だったためか、また、隣国同士ということもあってか、密に連絡を取り合っていた様子である。十一年一月十八日には、家康が尾張星崎《ほしざき》に赴いて信雄と会見している（『家忠日記』）。こうしてみると、秀吉と勝家の戦いの中では、信雄を通じて秀吉方にいくらか近かったと思われるが、軍事的な応援は一切行っていない。いわば、中立の立場がずっと続いていたといってよい。

天正十一年の冬頃から反秀吉の意思を固めた信雄は、家康への働きかけを強めてゆく。翌十二年の二月、信雄は清須城に家康の使者酒井重忠《しげただ》の訪問を受け、密談している。おそらく反秀吉方として連合を約束したのだろう。そして三月三日、三人の老臣、津川義冬《つがわよしふゆ》・岡田重孝《おかだしげたか》・浅井田宮丸《あさいたみやまる》を長島城に誘殺した。三人にはすでに秀吉から誘いの手が伸びていたという。つまりこれは、秀吉に対する信雄の宣戦布告であった。

家康はすばやく対応した。三月七日に浜松城を出陣、十三日に清須城に入って信雄と会見した。秀吉の動きも早かった。八日に諸将に出陣の命令を出し、十日には自ら大坂城を出陣した。ここから小牧の戦いが始まる。

小牧の戦いは、実質上天下を掌握した秀吉と五カ国大名という大勢力に成長した家康が真正面から取り組むという大規模ないくさであった。しかも、六月まで三カ月も両者の直接対陣が続く。だが、その戦いの大部分は、小牧山に着陣した徳川・織田連合軍を秀吉軍が包囲するという状態であり、全面的な衝突はなかった。

ただ一回、長久手《ながくて》における戦いがあった。秀吉軍の部隊、三好信吉《みよしのぶよし》（後の豊臣秀次《ひでつぐ》、秀吉の甥）を司令官とする軍が、岩崎城攻めから三河に侵入しようとしたところ、家康軍の急襲を受けて惨敗したという戦いである。この戦いで、秀吉方の池田恒興とその子元助《もとすけ》、森長可たちが戦死するという犠牲を出した。この時の秀吉方の敗報はかなり大げさに伝えられたらしく、一時は京都で騒ぎが起こり、丹波衆の一部が徳川方と称して一揆を企てた（『兼見卿記』『譜牒余録後編』）。

しかし、『当代記』によると両軍の兵力は、秀吉方十万に対し、家康と信雄の連合軍は一万六、七千ということである。局地戦で勝利したからといって、全面的ないくさで勝てるはずがない。長久手の戦いで勝ったといっても、その後の家康は小牧を守備するのが関の山で攻勢には出られず、伊勢の信雄領内が秀吉方に制圧されてゆくのをただ見守るばかりであった。六月、あちこちに軍を残して秀吉自身は大坂城に戻り、戦線はいよいよ膠着状態になった。

家康の秀吉への臣従

この戦いは戦闘よりも、初めから終わりまで外交戦だったといってよい。しかも、初めは当事者と外部との駆け引き、終わりは当事者同士の駆け引きという形で、二重の外交戦が展開される。

戦いが始まるや、雑賀衆《さいかしゅう》・根来寺《ねごろでら》衆徒、そのほか畿内や紀伊の土豪たちは、家康・信雄に通じて秀吉方の城を攻撃した。これは信雄からの命令があったものと思われる。和泉でもあちこちで局地戦が展開していたのである。

外交は、戦国大名に対しても行われていた。四国の長宗我部氏へは、信雄が秀吉と絶交状態になるやいなや救援の要請を行った。一方、中国の毛利氏は秀吉方を表明していた。東方にも外交が行われている。四月六日には、北条氏から家康に対して、救援の意思が伝えられている。しかし、越後から北信濃を制圧している上杉氏、常陸の佐竹氏は秀吉と通じている。秀吉も家康も、背後を固めながら尾張に出陣してきたのである。

小牧をめぐるにらみ合いが続いて、戦いは膠着状態になり、八月ぐらいから両軍に厭戦《えんせん》気分が沸いてきた。九月になって、和睦の話し合いが行われている。しかし、この時の和議は、一つの条件の折り合いがつかず最終的に決裂した（『家忠日記』ほか）。秀吉があたかも勝利者であるかのような条件を出し、それに対して、家康が異議を唱えたのではないかと思う。

その後秀吉は、家康を無視して信雄のみと和睦交渉を行う。家康と信雄の間を引き離して家康を孤立させる戦略である。そして十一月、この交渉は成立する。十一月十五日、秀吉と信雄は参会し、正式に和睦が結ばれるのである（『幸田文書』ほか）。この和睦によって信雄は、伊勢の中部及び南部、伊賀を失い、自身と老臣の人質を提出することになる。完全に秀吉の勝利、信雄の敗北であった。

家康もまた、この年の十二月、二男の於義伊《おぎい》（後の結城秀康《ゆうきひでやす》）を秀吉のもとに上らせた。養子という名目ではあったが、実質は人質であった。家康自身はなおも講和に応じなかったけれど、客観情勢を見ると、ただの強がりにすぎなかった。天正十三年のうちに、家康と同盟していた雑賀・根来寺、長宗我部氏、佐々成政《さっさなりまさ》が秀吉の攻撃を受けて軍門に降った。そして秀吉は七月に従一位《じゅういちい》関白に叙任《じょにん》されて、豊臣政権をいよいよ強固なものにしていた。

家康が大坂城に出向いて秀吉に対面し、臣従を誓うのは、天正十四年十月二十七日であった。強がりがよく続いたと評価すべきかもしれないが、これによって、家康の天下は秀吉の死後に持ち越しとなるのである。

おわりに

信長と家康、この二人の正確な歴史を綴ろうとするとき、絶対に気を付けなければならないことがある。

まず信長に関しては、とかく先入観にとらわれてしまいがちなことである。一般向けの本では、信長は何かと大げさに宣伝されることが多い。性格上では「天魔」「大魔王」などと呼ばれたり、政策面では「革命児」「破壊と創造の鬼」などと評されたりしている。つまり、常人とはかけ離れた感覚と思想の持ち主のようにとらえられがちなのである。だが、良質な史料のみでその生涯をたどってみると、まったく違った顔がのぞかれる。当時としては稀な合理主義者だったのはまちがいないが、一方、なかなかの良識を持った人物であり、かつしっかりと現実を踏まえた政治家なのである。

次に家康については、江戸時代に成った「神君神話」に惑わされてしまいがちなことである。江戸時代初期に書かれたいわゆる「徳川氏創業史」は、成立時期が比較的古いので、良質な史料として扱われることが多かった。たしかにそれらの本は、史料としての価値をとどめている。ただ書かれた当時、徳川氏はすでに侵しがたい存在になっており、家康はほとんど神格化されている。だから、姉川の戦い・長篠の戦いのような勝ちいくさでは勝利の原動力として大げさに宣伝され、三方ヶ原の戦いのような負けいくさでも傷つかないように語られるのである。

こうした先入観ないし偏見を極力排除して清須同盟をながめた時、「なぜ清須同盟は長続きしたのか」という疑問の正しい答えが見えてくる。それはもちろん、「家康が耐えたから」などという漠然としたものではない。一言でいうならば、お互い利用価値があった、しかもその利用価値が二十一年間続いた、ということであろう。

信長は家康を、今川氏や武田氏に対する緩衝壁として利用した。そのおかげで上洛を果たし、西方の統一戦に専念することができた。そして、武田氏が融和的姿勢だった時には代理のように使って協力させ、武田氏が敵対してきた時には先鋒として戦わせた。一方の家康にしても、信長の後ろ盾があったからこそ、三河を統一できたのだし、武田氏の侵略から身を守ることができたのである。つまり、最初は今川氏、その後の大半は武田氏をめぐって、二人の結び付きは継続したのである。そして信長の死と同時に、この結び付きは自動的に解消した。

二十一年間も続いたからといって、奇跡でも何でもない。「清須同盟」は、両者の利害がずっと一致していたからこそ長期にわたって継続したわけである。

この小冊では、常にそのあたりを意識しながら綴ってみたが、うまく書けているかどうかは読者の方々の判断にお任せするしかない。

参考文献

史料

愛知県史　資料編10～12　愛知県
イエズス会日本年報（新異国叢書三～四）　雄松堂書店
家忠日記　臨川書店
宇野主水日記（『石山本願寺日記』下）　清文堂出版
寛永諸家系図伝　続群書類従完成会
寛政重修諸家譜　続群書類従完成会
甲陽軍鑑（戦国史料叢書）　人物往来社
惟任謀反記（戦国史料叢書　太閤史料集）　人物往来社
静岡県史　資料編7　静岡県
柴田合戦記（戦国史料叢書　太閤史料集）　人物往来社
定光寺年代記（定光寺文書、東京大学史料編纂所蔵）
（池田家本）信長記　福武書店
（甫庵）信長記（国民文庫）　国民文庫刊行会

信長公記（角川文庫） 角川書店
創業記考異（東京大学史料編纂所蔵）
宗長手記（群書類従一八） 続群書類従完成会
太閤記（国民文庫） 国民文庫刊行会
大日本史料十編一〜二十六 東京大学史料編纂所
大日本史料十一編一〜十 東京大学史料編纂所
多聞院日記 角川書店
張州雑志 愛知県郷土資料刊行会
天正十年夏記（立花京子『信長権力と朝廷』岩田書院 所収）
東国紀行（群書類従一八） 続群書類従完成会
当代記（史料雑纂） 続群書類従完成会
（新訂増補）言継卿記 続群書類従完成会
言経卿記（大日本古記録） 岩波書店
日本史（フロイス著） 五畿内編一〜三 中央公論社
本城惣右衛門覚書（林若樹「一野武士の告白」『日本及日本人』昭和五年一月号所収）
松平記（三河文献集成 中世編） 国書刊行会
三河物語（戦国史料叢書 家康史料集） 人物往来社
妙興寺文書（新編一宮市史資料編五） 一宮市

耶蘇会士日本通信　京畿編一～二　雄松堂書店
蓮成院記録（『多聞院日記』五）角川書店

自治体史

刈谷市史　第二巻近世　刈谷市（一九九四年）
静岡県史　通史編　静岡県（一九九七年）
新修名古屋市史　第二巻　名古屋市（一九九八年）
新編岡崎市史　中世二　新編岡崎市史編さん委員会（一九八九年）
山梨県史　通史編二中世　山梨県（二〇〇七年）

論　考

朝尾直弘『将軍権力の創出』岩波書店（一九九四年）
有光友学『今川義元』吉川弘文館（二〇〇八年）
池田　誠「縄張研究の視点による長篠合戦の再検討―有海原・連吾川両岸高地周辺部―」『中世城郭研究』六（一九九二年）
磯貝正義『武田信玄』新人物往来社（一九七〇年）
今谷　明『信長と天皇―中世的権威に挑む覇王』講談社（一九九二年）
今谷　明『天皇と天下人』新人物往来社（一九九三年）

今谷　明「家康の伊賀越えについて」『真説本能寺の変』集英社（二〇〇二年）
煎本増夫『戦国時代の徳川氏』新人物往来社（一九九八年）
内田正男編『日本暦日原典』雄山閣出版（一九九二年）
大塚　勲「武田・徳川、攻防の推移」『地方史静岡』二六（二〇〇六年）
小笠原春香「武田氏の駿河侵攻と徳川氏」『地方史研究』三三六（二〇〇八年）
小笠原春香「武田氏の外交と戦争―武田・織田同盟と足利義昭―」『戦国大名武田氏の権力と支配』岩田書院（二〇〇八年）
奥野高廣『武田信玄』吉川弘文館（一九五九年）
奥野高廣『増訂織田信長文書の研究』吉川弘文館（一九八八年）
長　節子「所謂『永禄六年諸役人附』について」『史学文学』四―一（一九六二年）
尾下成敏「清須会議の政治過程―豊臣政権の始期をめぐって―」『愛知県史研究』一〇（二〇〇六年）
小和田哲男『桶狭間の戦い』（学研M文庫）学習研究社（二〇〇〇年）
小和田哲男『三方ヶ原の戦い』（学研M文庫）学習研究社（二〇〇〇年）
小和田哲男『今川義元』ミネルヴァ書房（二〇〇四年）
鴨川達夫『武田信玄と勝頼』岩波書店（二〇〇七年）
久保田昌希「戦国大名今川氏の三河侵攻」『駿河の今川氏』三（一九七八年）
黒田日出男「桶狭間の戦いと『甲陽軍鑑』」『立正史学』一〇〇（二〇〇六年）
黒田基樹「遠江高天神小笠原信興の考察」『戦国期東国の大名と国衆』岩田書院（二〇〇一年）

小島道裕『信長とは何か』講談社（二〇〇六年）
酒入陽子「家康家臣団における大須賀康高の役割」『日本歴史』六一二（一九九九年）
佐藤進一『花押を読む』平凡社（一九八八年）
設楽原陣城研究会編「陣城はあったか―設楽原からの報告―」『設楽原歴史資料館研究紀要』七（二〇〇三年）
柴　裕之「永禄期における今川・松平両氏の戦争と室町将軍―将軍足利義輝の駿・三停戦令の考察を通じて―」『地方史研究』三一五（二〇〇五年）
柴　裕之「戦国大名武田氏の遠江・三河侵攻再考」『武田氏研究』三七（二〇〇七年）
柴　裕之「長篠合戦再考―その政治的背景と展開―」『織豊期研究』一二（二〇一〇年）
柴辻俊六「武田信玄の上洛戦略と織田信長」『武田氏研究』四〇（二〇〇九年）
鈴木眞哉『鉄砲隊と騎馬軍団』洋泉社（二〇〇三年）
須藤茂樹「武田信玄の西上作戦再考」『武田氏研究』三（一九八八年）
千田嘉博「小牧城下町の復元的考察」『ヒストリア』一二三（一九八九年）
染谷光廣「武田信玄の西上作戦小考―新史料の信長と信玄の文書―」『日本歴史』三六〇（一九七八年）
太向義明『長篠の合戦―虚像と実像のドキュメント―』山梨日日新聞社出版部（一九九六年）
高田　徹「三河長篠城及び長篠合戦陣所群に関する検討」『中世城郭研究』一〇（一九九六年）
高柳光壽『三方原之戦』春秋社（一九五八年）
高柳光壽『賤ヶ岳之戦』春秋社（一九五八年）

高柳光壽『長篠之戦』 春秋社（一九六〇年）
高柳光壽「松平信康と築山殿」『戦国の人々』 春秋社（一九六二年）
谷口克広『秀吉戦記』（学研M文庫） 学習研究社（二〇〇一年）
谷口克広『織田信長天下布武への道』（戦争の日本史） 吉川弘文館（二〇〇六年）
谷口克広『検証　本能寺の変』 吉川弘文館（二〇〇七年）
谷口克広『尾張・織田一族』 新人物往来社（二〇〇八年）
谷口克広『織田信長家臣人名辞典　第二版』 吉川弘文館（二〇一〇年）
谷口克広『信長・秀吉と家臣たち』 学研パブリッシング（二〇一一年）
典厩五郎『家康、封印された過去』 ＰＨＰ研究所（一九九八年）
徳川義宣『新修徳川家康文書の研究』 徳川黎明会（二〇〇六年）
中村孝也『徳川家康文書の研究　新訂版』 日本学術振興会（一九八〇〜八二年）
橋本政宣「織田信長と朝廷」『日本歴史』四〇五（一九八二年）
長谷川弘通「永禄末年における駿・越交渉について—駿・甲同盟決裂の前提—」『武田氏研究』一〇（一九九三年）
平野明夫「戦国期徳川氏の政治的立場—織田氏との係わりを通して—」『国史学』一五八（一九九五年）
平野明夫『三河・松平一族』 新人物往来社（二〇〇二年）
平野明夫『徳川権力の形成と発展』 岩田書院（二〇〇六年）
平山　優『武田信玄』 吉川弘文館（二〇〇六年）

平山　優「武田源三郎信房について」『山梨県史だより』三〇（二〇〇五年）
平山　優「武田勝頼の再評価」『新府城と武田勝頼』新人物往来社（二〇〇一年）
平山　優『天正壬午の乱』学研パブリッシング（二〇一一年）
藤井尚夫『復元イラスト　中世の城と合戦』朝日新聞社（一九九五年）
藤木久志「織田信長の政治的地位について」『戦国時代』吉川弘文館（一九七八年）
藤田達生「『神君伊賀越え』再考」『愛知県史研究』九（二〇〇五年）
藤本正行「異説・桶狭間合戦」『歴史読本』昭和五七年七月号（一九八二年）
藤本正行『信長の戦争』（講談社学術文庫）講談社（二〇〇三年）
藤本正行『長篠の戦─信長の勝因・勝頼の敗因─』洋泉社（二〇一〇年）
二木謙一「戦国の同盟」『同盟と裏切りの条件』新人物往来社（一九八五年）
堀　新「織田権力論の再検討─京都馬揃・三職推任を中心に─」『共立女子大学文芸学部紀要』四四（一九九八年）
堀　新「織田信長と武家官位」『共立女子大学文芸学部紀要』四五（一九九九年）
本多隆成「戦国期の浅羽地域と小笠原氏」『近世東海地域史研究』清文堂出版（二〇〇八年）
本多隆成『定本　徳川家康』吉川弘文館（二〇一〇年）
前田利久「武田信玄の駿河侵攻と諸城」『地方史静岡』二二（一九九四年）
丸島和洋「武田勝頼の外交政策」『武田勝頼のすべて』新人物往来社（二〇〇七年）
盛本昌広『松平家忠日記』角川書店（一九九九年）

山室恭子『中世のなかに生まれた近世』吉川弘文館（一九九一年）
山室恭子『群雄創世記』朝日新聞社（一九九五年）
横山住雄「犬山落城、永禄八年説」『郷土文化』四〇—一（一九八五年）
横山住雄『織田信長の系譜　信秀の生涯を追って』教育出版文化協会（一九九三年）
陸軍参謀本部編『日本戦史　桶狭間役』八尾書店（一八九九年）
陸軍参謀本部編『日本戦史　長篠役』元真社（一九〇三年）
脇田　修『近世封建制成立史論—織豊政権の分析Ⅱ』東京大学出版会（一九七七年）
渡辺世祐『武田信玄の経綸と修養』新人物往来社（一九七一年）

補　論

一　二〇一二年以後の研究史

学研新書の一冊として『信長と家康―清須同盟の実体』を上梓したのは、二〇一二年一月のことである。その後七年余りしかたっていないが、その間に信長・家康それぞれに関する研究は格段に進歩している。特に信長へ向ける関心の高まりはすさまじいものがあり、研究成果が大きく上がっている。今ここに拙著の補論を書くにあたり、そうした二〇一二年以後の研究の進捗状況について、その跡をたどることから始めたい。

1　二〇一二年以後における信長に関する本（信長本）の大量刊行

最初に述べておかねばならないことは、この七年余りの間に、「信長本」が大量に出版されたことである。単行本だけで、なんと二十冊を超えている。

「信長本」が大量に出版されたという現象は過去にもあった。NHK大河ドラマ『信長　KING OF ZIPANGU』の放映前年にあたる一九九一年には、いわゆる「あやかり本」が書店の店頭にあふれたものである。

しかし、最近の現象はその時とは違う。日本中近世史の分野でかなりの実績をあげてきた何人もの研究者が、競い合うように啓蒙書としての「信長本」を執筆したのである。まさに未曽有の出来事といってよい。そして、これらの文献によって論じられることで、新しい信長像がどんどんつくられていった。したがって、この二〇一二年以降の七年間の「信長本」については、煩をいとわず一つ一つ紹介していきたい。

こうした「信長本」ブームを作った要因の一つとして考えられるのは、二〇一一年に次の三点の文献が刊行されたことである。

① 堀　新『織豊期王権論』（校倉書房、二〇一一年）

② 戦国史研究会編『織田権力の領域支配』（岩田書院、二〇一一年）

③ 池上裕子『織田信長』（人物叢書、吉川弘文館、二〇一一年）

①は、著者が二十年にわたって論述、発表してきた信長の権力に関する論文を、加筆修正して集大成したものである。信長の権力に関する考証が中心になっており、著者の信長論が展開されている。②は、二〇一〇年六月に催された研究報告をもとに一冊にまとめた文献で、十編の論文が収録されている。信長の権力のもとでの地域支配において、有力家臣たちがかなりの独立性を保ちえたということが、全体の共通した結論になっている。

③は、「人物叢書」の一冊として書かれたものだけに、信長の伝記といったところだが、「等身大」の信長を描く、とのキャッチフレーズの通り、「革命家」どころか「英雄」の面影すらない、保守的な信長像について論じられている。

それでは、①〜③に続いて二〇一二年以後に刊行された文献を紹介してゆく。まず③と同様、信長の概説本といえる文献だけにしぼって記してみよう。

④谷口克広『信長の政略―信長は中世をどこまで破壊したか』（学研パブリッシング、二〇一三年）

⑤松下　浩『織田信長　その虚像と実像』（淡海文庫、サンライズ出版、二〇一四年）

⑥金子　拓『織田信長〈天下人〉の実像』（講談社現代新書、講談社、二〇一四年）

⑦神田千里『織田信長』（ちくま新書、筑摩書房、二〇一四年）

⑧桐野作人『織田信長　戦国最強の軍事カリスマ』（新人物文庫、KADOKAWA、二〇一四年）―二〇一一年に新人物往来社から刊行された単行本に加筆して文庫本化したもの。

⑨藤田達生『織田信長　近世の胎動』（日本史リブレット　人、山川出版社、二〇一八年）

ここまで単行本ばかりをあげたが、優れた概論として、例外的に次の文献も紹介したい。

⑩堀　新「織田政権論」（『岩波講座　日本歴史』第10巻近世1、岩波書店、二〇一四年）

④〜⑩、著者それぞれの信長像が描かれ、主にその政権について語られている。

これらと分けて、信長全般をテーマにした論集を次にあげる。

⑪ 日本史史料研究会編『信長研究の最前線　ここまでわかった「革新者」の実像』（歴史新書y、洋泉社、二〇一四年）

⑫ 金子　拓『織田信長権力論』（吉川弘文館、二〇一五年）

⑬ 柴辻俊六『織田政権の形成と地域支配』（戎光祥出版、二〇一六年）

⑭ 渡邊大門編『信長研究の最前線② まだまだ未解明な「革新者」の実像』（歴史新書y、洋泉社、二〇一七年）

⑫の文献は、著者が一九九八年以来発表してきた論文に新稿を加えて一冊にまとめたもの。⑬は、長年武田氏をフィールドとしてきた著者が、時々発表してきた信長関係の論文を集大成したものである。また⑪および⑭は、それぞれ信長に関する十数件のテーマを分担して執筆した啓蒙書である。

この頃出された信長本はまだまだある。それらはテーマ別に紹介しよう。最初は、信長の発給文書（信長文書）に関する文献である。

⑮ 山本博文・堀　新・曽根勇二編『織田信長の古文書』（柏書房、二〇一六年）

信長十六歳時の初見文書から本能寺の変五日前の朱印状まで一六〇通の信長文書の写真が大判で掲載され、翻刻、解説がなされている。

そして、信長研究の基本史料である太田牛一著『信長記』に関する文献。

⑯ 金子　拓編『『信長記』と信長・秀吉の時代』（勉誠出版、二〇一二年）

⑰和田裕弘『信長公記─戦国覇者の一級史料』（中公新書、中央公論新社、二〇一八年）
⑯には、八人の研究者による『信長記』に関する論文が収載されている。
次は、若い頃の信長について触れた文献。
⑱横山住雄『織田信長の尾張時代』（戎光祥出版、二〇一二年）
⑲谷口克広『天下人の父・織田信秀─信長は何を学び、受け継いだのか』（祥伝社新書、祥伝社、二〇一七年）
次に、信長の外交に注目した文献。
⑳谷口克広『織田信長の外交』（祥伝社新書、祥伝社、二〇一五年）
㉑金子　拓『織田信長　不器用すぎた天下人』（河出書房新社、二〇一七年）
次に、信長の合戦をテーマにした文献。
㉒渡邊大門編『信長軍の合戦史』（吉川弘文館、二〇一六年）
ここには、桶狭間の戦いから本能寺の変までの信長の合戦十一が取り上げられ、別々の筆者によって論述されている。

次に、信長の家臣団について書かれた文献
㉓和田裕弘『織田信長の家臣団─派閥と人間関係』（中公新書、中央公論新社、二〇一七年）
次に、信長の将軍足利義昭との関係について論述した文献。

㉔谷口克広『信長と将軍義昭　連携から追放、包囲網へ』（中公新書、中央公論新社、二〇一四年）
㉕久野雅司『足利義昭と織田信長　傀儡政権の虚像』（戎光祥出版、二〇一七年）
次には、信長の城郭についての文献をあげる。
㉖千田嘉博『信長の城』（岩波新書、岩波書店、二〇一三年）
㉗千田嘉博・下坂守・河内将芳・土平博『城から見た信長』（奈良大ブックレット、ナカニシヤ出版、二〇一五年）
㉘加藤理文『織田信長の城』（講談社現代新書、講談社、二〇一六年）
さらに、信長と京都との関係をまとめた文献もある。
㉙河内将芳『宿所の変遷からみる　信長と京都』（淡交社、二〇一八年）
最後に、信長の地域支配に関する文献を紹介する。
㉚深谷幸治『織田信長と戦国の村　天下統一のための近江支配』（吉川弘文館、二〇一七年）
ここにあげたものだけで二七点である。二〇一四年だけで⑤⑥⑦⑧⑨⑪㉔の七点、二〇一七年にも⑭⑲㉑㉓㉕㉚の六点の文献が刊行されている。しかも、例えば長篠の戦い、本能寺の変など個々の歴史事象を扱った文献を除いての数である。やはり異常なほどの「信長本」ブームといえよう。その「信長本」ブームは、なおも続く気配なのである。

2　二〇一二年以後における家康に関する本（家康本）の刊行

1で述べた通り、二〇一一年以降大量の「信長本」が出版されたが、一方の「家康本」のほうはどうだったであろうか。

家康に関する研究もかなり活発になっている。単行本も、「信長本」には及ばないまでも、たくさん刊行された。しかし、家康に関する文献は、信長の死後の事績のことが全体の大部分を占めており、信長と関係するところは一部分にとどまっているのがふつうである。信長と家康の同盟について真正面から解明しようとした最近の文献といえば、平野明夫「徳川氏と織田氏」(『徳川権力の形成と発展』岩田書店、二〇〇六年)であり、その後の研究に多大な影響を与えている。

さて、二〇一二年以後に発刊された「家康本」で、信長との関係について触れられたものといえば、次の文献があげられよう。

A　柴　裕之『戦国・織豊期大名徳川氏の領国支配』(岩田書院、二〇一四年)

著者の旧稿・新稿を集大成した論集だが、その第一部の次の章が信長に関係する。

第一章　今川・松平両氏の戦争と室町幕府将軍

補論1　室町幕府将軍足利義昭と徳川家康

第二章　武田信玄の遠江・三河侵攻と徳川家康

付論　長篠合戦再考—その政治背景と展開

補論2　武田氏の遠江侵攻と宇津山城

第三章 織田権力の関東仕置と徳川家康

B 渡邊大門編『家康伝説の嘘』（柏書房，二〇一五年）

一般向けの文献だが、そのうちの次の章が信長に関係する。

第二章　柴　裕之「松平信康事件は、なぜ起きたのか？」

第四章　中脇　聖「本能寺の変前後における家康の動きとは？」

C 笠谷和比古『徳川家康　われ一人腹を切りて、万人を助くべし』（ミネルヴァ書房、二〇一六年）

第二章　桶狭間の戦いと松平家の独立

第三章　織田・徳川同盟―永禄五年～天正十年

以上の二章が信長に関係する部分である。

D 平野明夫編『家康研究の最前線　ここまでわかった「東照神君」の実像』（歴史新書y、洋泉社、二〇一六年）

十四人が分担執筆した啓蒙書だが、信長が登場するのは次のテーマである。

平野明夫「家康は、いつ、今川氏から完全に自立したのか」

同　「信長・信玄・謙信を相手に独自外交を展開した家康」

宮川展夫「徳川氏と北条氏の関係は、関東にいかなる影響を与えたのか」

E 柴　裕之『徳川家康　境界の領主から天下人へ』（平凡社、二〇一七年）

第二章　家康の再出発―戦国大名徳川氏の誕生

第三章　織田・武田両氏との狭間で―同盟・敵対と内紛の時代

以上の二章が織田・徳川同盟に関係する部分である。

F　本多隆成『徳川家康と武田氏　信玄・勝頼との十四年戦争』（吉川弘文館、二〇一九年）

本全体の主要テーマは家康と武田氏との戦いだが、三方ヶ原の戦い、長篠の戦い、信康事件、甲信攻めなどにも触れられており、信長に関係する記事が多い。

3　『愛知県史』資料編14（中世・織豊）および通史編3（中世2・織豊）の発刊

平成六年（一九九四）に着手した『愛知県史』編さん事業は、その後着々と進み、同十五年に資料編11（織豊1）が発刊された。さらに、同二十六年に資料編14（中世・織豊）が出されて、織田時代の資料編は完結を見た。

資料編11には文書・日記といった一次史料が編年的に並べられているのに対し、資料編14には、『信長記』（『信長公記』）首巻をはじめとする比較的良質な軍記、系図・家譜・寺社縁起などの編纂史料が収められている。

資料編14の史料集としての意義は、第一に「天理本」の『信長記』首巻を全巻翻刻して載せたこと、第二に『形原松平記』および『渡辺忠右衛門覚書』を初めて翻刻したことであろう。

第一の意義としてあげた『信長記』（『信長公記』）の「天理本」は、角川文庫の一冊となってよく用いられている「陽明本」と比べ、記事にかなりの出入りがある。以前より一部の研究者に注目されてはいたが、なかなか周知には至らなかった。これを機会に、今後この本の研究がより深まることが期待される。

これら資料編に載せられた史料を踏まえて、担当委員の方々がどのような論述を展開するのか注目を集めていたのだが、ついに平成三十年に通史編3（中世2・織豊）として発刊の運びになったのである。その全巻は五章に分かれているが、織田・徳川同盟の二十年間にあたる期間を含むところは次の五節である。

第一章　戦国期の尾張・三河の動向
　第四節　織田信長の登場と桶狭間の戦い
　第五節　徳川家康の三河制覇
第二章　織豊期の尾張・三河の動向
　第一節　織田政権の尾張支配と長島一向一揆
　第二節　長篠の戦いと徳川家康の三河支配
　第三節　織田家の凋落と信雄・家康

織田時代の概説書としてこの本を見た場合、次の二点の特徴が見出される。

一点目は、第一章第四節で織田家家督をめぐる信長・信勝兄弟の争いが詳細に語られていることである。信長が順調に家督を継いだわけではないことなど、村岡幹生《みきお》氏の見解が随所に盛り込まれている。

二点目は、第二章第一節に信忠による尾張支配について詳しく述べられていることである。織田家の家督を継ぎ、尾張・美濃の支配者になったにもかかわらず、とかく父信長の陰に隠れがちだった信忠である。彼の存在がここで強調されているのは、ようやく正当な評価を得たといえよう。

肝心の織田・徳川同盟については、同盟の締結について第一章第四節で、同盟の変化について第二章第二節で述べられている。同盟の始期や同盟の変質のことなど、平野明夫氏の所説がそのまま取り入れられている。

二　各論点をめぐる議論

二〇一二年からの七年余りの間に、信長・家康両者に関係する事件や事象について、新しい見解が次々と発表された。ここでは、そのうちの五点にしぼって、それらの成果と論点を紹介したい。

1　家康の独立と織田・徳川同盟の成立時期

家康は今川氏から独立して三河平定の動きを始め、美濃進出を図る信長と同盟を結ぶ。むかしから「清須同盟」と呼ばれてきた両者の同盟である。昨今では、清須の地で結ばれたという可能性がごく薄いことから、「清須同盟」と呼ばず「織田・徳川同盟」（締結時は織田・松平同盟）、略して「織徳同盟」と呼んでいる。

清須の地で同盟が締結されたということが実証されないことは、研究者だれもが認めているが、締結の始期については以前より二説に分かれていた。平野明夫氏の永禄三年説と本多隆成氏および柴裕之氏の同四年説である。

家康の今川氏に対する反抗がはっきりするのは、永禄四年（一五六一）の四月である。家康は、それに先立って信長と結び、背後を安全にしていたと思われるから、同盟が締結されたのはもっと早い時である。平野氏はそれを前年五月の桶狭間の戦い直後とするのに対し、本多氏・柴氏は同四年二月頃のこととしている。

この論争は引き続き二〇一二年以降に持ち越され、平野氏はD書および『愛知県史』通史編3で、本多氏はF書で、柴氏はE書で持論を繰り返している。

ここで私見を述べよう。今川氏真の発給文書に注目しての論である。

桶狭間の戦い以後も、氏真の発給文書は多数存在する。しかし、一年近くもの間、氏真は家康の離反についてまったく触れていないのである。その間、家康の離反の動きに気か付かなかったというのも、あまりに迂闊すぎて不自然である。私は本多氏・柴氏の説を支持し、信長と家康の同盟は永禄四年の二月頃に結ばれたものと考える。

2　信長・家康と将軍足利義昭との関係

将軍足利義昭が必ずしも信長の傀儡などではなく、かなりの権限を持っていたということは、近年証明されつつある。義昭が将軍として畿内・近国で権威を振るい、それを信長の軍事力が補佐していたといういわゆる「二重政権」論を定着させたのは久野雅司氏だが、同氏はさらに㉕書などにより自論を補強している。

永禄十一年の上洛の主体は義昭であり、信長の掲げた「天下布武」とは、畿内に武を布いて室町幕府の政治体制を再興することである、という論旨は、神田千里氏以来広く取り入れられつつある。久野氏はさらに論議を進めて、義昭政権は軍事面でも幕府を再興させたと主張している。例えば、姉川の戦いは将軍威信をかけた「天下のため」の戦いだった、南方陣など四国三好氏との戦いの主体は義昭であって信長は巻き込まれたものにすぎないなどと、合戦においても義昭はかなりの軍事力を維持して、主体的な動きをしているという考えである。

義昭が将軍として、畿内でかなりの権力を振るっていたことは間違いない。さらに信長が幕府を再興しようとしており、幕府を否定する考えはなかった、ということもその通りであろう。だから、かつて広く信じられていたように、将軍義昭は信長の傀儡にすぎない、というのは誤りだと思う。

しかし、それも信長の軍事力が背景にあって、はじめて成り立つ体制であろう。義昭の将軍としての権威、信長の軍事力、この両方が一体化した政権、まさしく「連合政権」だったのだと思う。義昭を「傀儡」と見なすのは誤りだと思うが、その権力を過大視することにも疑問を覚えざるをえない。

将軍義昭と家康との関係についてはどうであろうか。

それについては、平野明夫氏がすでに「徳川氏と織田氏」(二〇〇六年)の中で論じている。つまり、元亀元年(一五七〇)中に家康は三度上洛するが、すべて将軍義昭の命令によるものだった、当時、義昭と家康は直接繋がっていた、したがって、信長と家康とは将軍義昭のもとに同格の立場だった、という論である。柴裕之氏も、A書およびE書で同様の考えを述べている。

ところがその後、将軍追放を経て信長が「天下人」になると、信長と家康の間には明らかな上下関係ができてゆく。そして最後、家康は「織田一門に準ずる立場」を占めるに至る、というのが平野氏の論旨であった。その変化は書札礼で示されており、十分の説得力を持っている。その後平野氏は、⑪書・D書において同様の説を繰り返しており、『愛知県史』通史編3もその説をそのまま取り入れている。

将軍義昭が在京していた元亀四年(一五七三)まで、形の上では信長と家康は将軍の直臣という立場であり、たしかに同格といえる。ただ、元亀元年における家康の三度の上洛は、すべて義昭の招集による、というのはどうであろうか。

十月の近江出陣は、義昭の要請による軍事行動であることが明らかである。九月十四日付けで家康に出陣を命じた御内書が存在するのだから(『武田文書』)。この文書は、日付から推して南方陣から出したものである。南方陣は義昭も同陣した戦いだから、義昭が総大将の立場で家康らに招集をかけたものと見ておかしくない。しかし、二月末の上洛は信長の触れ状に応じたものだし、六月の上洛は信長の北近江作戦に合わせたもので、織田・徳川同盟に基づく軍事行動と考えたほうがよかろう。

3　武田信玄の西上

元亀三年十月に始まる武田信玄の西方への進軍については、むかしからいろいろな論議の対象になっている。ずっと論議が続いてきたのは、最も基本的なことで、信玄の軍事行動の目的はどこにあったのか、というテーマである。上洛することまでを目標とした西上だったのか、信長と雌雄を決するための行動だったのか、このところ恨みの重なっている家康を叩いて遠江・三河を確保するのが目的だったのか、何十年間も議論がなされてきた。

近年はその議論がやや絞られてきた傾向にある。すなわち次の通りである。

第一に、信玄が最終的には上洛を目標に立てていただろうということ、第二に、この元亀三年の段階ではすぐの上洛は困難であり、朝倉ら与党と協力して信長・家康に打撃を与えようという作戦だったらしいこと、以上の二点である。途中で信玄が死んだため、真相は永久に謎なのだが、単なる地域の確保ではなかったようである。

また、この信玄の進軍の経路についても、論議の対象になった。

従来、信玄の本隊の経路については、信濃を経由して青崩《あおくずれ》峠を越えて遠江に入ったとされていた。

それに対して柴裕之氏は、信玄率いる本隊は駿河に南下し、遠江高天神城を落としてなおも西上したという新説を唱えた（「戦国大名武田氏の遠江・三河侵攻再考」『武田氏研究』三七、二〇〇七年）。

この新説は、本多隆成氏などの支持を受けたが（『定本徳川家康』吉川弘文館、二〇一〇年）、信濃からの南下説を採る鴨川達夫氏が反論して、論争の形になった（「元亀年間の武田信玄」『東京大学史料編纂所紀要』二二、二〇一二年）。これに対して本多氏は二〇一九年、F書で再反論している。そのほかの研究を見ると、笠谷和比古氏はC書で信濃経由説を採り、『愛知県史』通史編3では、駿河経由説を取り入れている。

4　長篠の戦いをめぐる研究

信長の戦いの中でも、長篠の戦いは桶狭間の戦いと並んで、ここ数十年間さまざまな議論が繰り返されてきた戦いである。織田・徳川連合軍の鉄砲三千挺による三段撃ち、武田軍の騎馬隊という通説に対し、鈴木眞哉《まさや》氏・藤本正行氏は四十年以上も前から否定論を繰り返してきた。

しかし、両氏の度重なる否定論にかかわらず、長年信じられてきた通説はなおも生き続け、長篠の戦いは、鉄砲と騎馬との戦い、ひいては新戦術と旧戦術との戦いなどと評価されることもあった。現在では、三千挺を三段にして、一千挺ずつの一斉射撃を行うこと、騎馬だけで敵陣に突撃することは、ありえないこととしてほぼ完全に否定されているが、そこに至るまで多くの年数を要したのである。

長篠の戦いに関する文献をあげると、それこそ枚挙に暇がないが、先に触れた通り、辛抱強く通説の誤りを正してくれた鈴木氏・藤本氏の功績は特筆に値する。そして、両氏の実績を受けて、長篠の戦いの戦術面での研究もさらに進み、それと並行して、信長の合戦の中での、あるいは武田氏の衰亡史の中での長篠の戦いの位置づけについても、優れた研究が世に出されている。二〇一二年以降という限定で、主な文献を紹介しよう。

a　平山　優『長篠合戦と武田勝頼』(敗者の日本史、吉川弘文館、二〇一四年)
b　同　『検証　長篠合戦』(吉川弘文館、二〇一四年)
c　藤本正行『再検証　長篠の戦い』(洋泉社、二〇一五年)
d　平山　優『武田氏滅亡』(角川選書、KADOKAWA、二〇一七年)
e　丸島和洋『武田勝頼　試される戦国大名の「器量」』(平凡社、二〇一七年)
f　金子　拓《ひらく》編『長篠合戦の史料学　いくさの記憶』(勉誠出版、二〇一八年)

このうち平山氏の著書ａｂは、鈴木氏・藤本氏による通説の否定論に対し、再検証を試みた文献である。さらにｃは、それに対する藤本氏の反論である。こうした論争を通じて、長篠の戦いに関する戦術論は、なおも高まっていっている。

平山氏によるｄ、丸島氏によるｅは、いずれも武田勝頼の動静を追うことにより武田氏の滅亡までを描いた文献である。信長・家康と武田氏の間が険悪化し、長篠の戦いに至る過程が詳細に語られている。

ｆは論文集で、「第一部　長篠合戦を語る史料」「第二部　屛風で読み解く長篠合戦」の二部に分かれ、第一部は八編、第二部は十編の文献から成り立っている。第一部に含まれている金子拓氏の論文「織田信長にとっての長篠の戦い」では、長篠の戦いは石山合戦の副次的な戦いだった、という筆者独自の見解が披露されている。

5　信康事件

信長と家康が次第に上下関係になってゆくことの証しとして、よく取り上げられてきたのが、信康事件である。つまり、信康とその母築山殿が死に追いやられたのは、信長の命令によるというのである。信長が信康を殺すよう命じた理由については、『松平記』には信康の不行跡とされ、『三河物語』には信康室のごとく（徳姫）が実父の信長に手紙で中傷したことが原因になっている。そして家康は、常に被害者扱いとされていた。

しかし平野明夫氏は、この事件の原因を、家康と信康の父子間の抗争に求める（「徳川氏と織田氏」）。家康は被害者ではなく、事件の一方の当事者なのである。筆者も本論で、同様の見解を示している。二〇一二年以降の文献でも、この事件について取り上げたものはいくつかあり、さらに一歩進めた形で、浜松城の家康派と岡崎城の対立の様を考察しようとしている。

まず柴裕之氏はB書およびE書で、天正三年四月にあった岡崎町奉行大岡弥四郎の謀反未遂事件と結び付け、家康の対武田氏主戦論への不満がなおも岡崎城の信康家臣の間に広がっていたとしている。

そして、岡崎の厭戦感情が父子間の決定的対立に発展したとする。

それに対して本多氏はＧ書において、岡崎派といえる勢力が見当たらないことをあげ、柴説への疑問を呈する。そして、むしろ母親の築山殿が主導した様子が見られることを述べている。『愛知県史』通史編3でもこの事件が取り上げられており、やはり父子間あるいは浜松派対岡崎派の対立が要因という立場が取られている。長らく疑問視されてきたこの事件も、「家康＝被害者」という見方から離れることによって、展望が開かれた様子である。

三　そのほか、最近議論になったこと

信長に関係することで、二〇一二年以降に注目を集めた論題といえば、次の二点がすぐに思い浮かぶ。

一つ目は、信長の「天下」の解釈をめぐる議論、二つ目は、本能寺の変の謎に迫る発見といわれた『石谷家文書《いしがいけ》』の解釈の問題である。これら二点の議論について、次にまとめることにしたい。

1　「天下布武」の解釈

信長は、永禄十年（一五六七）八月に稲葉山城を攻略して入城、名を岐阜城と改めて新たな居城とした。「天下布武」の印章を用いるのはその後まもなくのことである。

さて、この「天下布武」の意味は、「日本を武によって治める」と解釈されることがふつうだった。「天下」＝「日本」、そして信長はひたすら日本全国の統一を目指した人物と信じられてきたから、当然「天下布武」は日本全国の統一という意味になる。

そうした解釈を覆したのが神田千里《ちさと》氏である。神田氏は、二〇一三年に刊行した論文集『戦国時代の自力と秩序』（吉川弘文館）に収録した、「織田政権の支配の論理」（第五章）および「中世末の『天下』について」（補論二）において、それまでの「天下」の意味の見直しを行った。

神田氏によると、当時「天下」と呼んでいるのは、ほぼ「畿内」に限定された地域である。したがって、信長が印章に用いた「天下布武」とは、室町幕府を再興し、将軍が畿内を治める体制を復活させる、ということにほかならない、との主旨である。

足利義昭を奉じての上洛、すなわち永禄十一年九月の時点では、信長は武田・上杉・毛利いずれとも入魂であり、彼らに向けた書簡に「天下布武」の印を押すことは、まるで喧嘩を売ることになってしまう。そこからも、「天下」は戦国大名の領国支配と対立しない意味合いであることがわかる、と説いている。たしかにその通りで、非常に説得力のある説明といえる。二〇一四年の「信長本」ブームの中で、金子拓氏は⑥書の中で神田氏の「天下」論を全面的に受け入れ、また神田氏自身も⑦書で、一般にもわかりやすく自説について解説している。

しかし、神田氏・金子氏の「天下」論に対して、部分的に異議を唱える研究者もいる。信長の用いる「天下」の語の概念が時期によって異なる、という見方である。

桐野作人氏は、⑧書の補論「信長の『天下』観念と『革新性』」の中で、信長文書の中の「天下」の語を一つ一つ吟味し、後半にはその「天下」観念が異なってきていると読み取り、その境界線を天正三年十一月の権大納言兼右近衛大将任官の時に置いている。

筆者も桐野氏と同じく、信長の発給文書に用いられている「天下」の語の意味合いに、時期的変化を感じる者である。後期に表れる「天下」は畿内だけにとどまらず、戦国大名の上位に位置する統一政権の意味で使われているように感じられる。そして、その変化の画期を求めるならば、桐野氏と同様天正三年後期以外にない、と思うのである。それについては、⑳書で考察している。

もともと「天下」の語は、かなり曖昧な意味で用いられることがある。将軍在京時の「天下」は神田氏の言う通りほぼ畿内でよいと思うが、それ以後の「天下」についてはまだまだ議論の余地があるのではなかろうか。

2　『石谷家文書』と本能寺の変との関係

二〇一四年六月、岡山市にある林原美術館に所蔵されている『石谷家文書』が公表された。この『石谷家文書』は、十六世紀後半に活躍した石谷光政と養子頼辰《よりとき》の二代が所持していたもので、全三巻四十七点から成る文書群である。

光政・頼辰父子が長宗我部元親や明智光秀の老臣斎藤利三の親族であることから（光政の娘が元親

室、頼辰の実弟が利三）、当時の政局の動きを伝える手がかりを与えてくれる文書が多い。それらの文書の中に、本能寺の変の謎を解くカギになるといわれている二通の文書が存在する。次の文書である。

A（天正十年）一月十一日付け、石谷光政宛て斎藤利三書状

B（天正十年）五月二十一日付け、斎藤利三宛て長宗我部元親書状

これら二通の文書には、どのようなことが記されているのだろうか。

まずAによると、頼辰が信長の朱印状を託されて、土佐の長宗我部元親のもとに派遣されたことがわかる。そして、文書発給者の斎藤利三は、信長と長宗我部氏との関係がうまく行くよう、主人の明智光秀ともども土佐にいた石谷光政に尽力を頼んでいる。だが、この時点では元親は、信長の要求（おそらく阿波全域没収）を承諾していない。

Bは、Aに書かれている信長朱印状に対する返書のようである。この時点では、元親は態度を軟化させて信長に恭順の姿勢を示し、いちおう阿波の没収に従うことに同意している。ただし、阿波南部にある二城だけは確保したいという要求は通そうとしている。

新史料発見、しかも本能寺の変に関係しそうな文書もある、ということで、マスコミの反応はすさまじく、何人もの研究者の識見が報道機関を通じて披露された。その中には、「本能寺の変の原因は四国問題だとわかった」などという飛躍したものもあった。

そのちょうど一年後にあたる二〇一五年六月、浅利尚民《なおみ》・内池英樹両氏を編者とする『石谷家文書

将軍側近のみた戦国乱世』（吉川弘文館）が発刊され、広く『石谷家文書』全体が見られるようになった。研究の大きな進展といえる。

では、発見直後より騒がれた、二通の文書と本能寺の変との関係については、その後どのように論議されたのだろうか。

いち早く自論を発表したのは桐野作人氏である。公表後まもなく雑誌などに小文を発表していたが、まとまったものとしては、⑧書に「付論」として載せた「『石谷家文書』と本能寺の変」である。同氏の姿勢は、本能寺の変との関連という点ではあくまでも慎重である。そして、ここで同氏が悩んでいるのは、B書状が果たして利三のもとに届いたか、ということである。五月二十一日から変のあった六月二日まではたった十日間、土佐から丹波まで届けるためには微妙な日数なのである。結論として同氏は、本能寺の変の時点で「四国問題がまだ未解決」だったことは判明したけれども、「本能寺の変の真相解明という観点からはかえって謎が増えた」としている。

一方藤田達生氏も、二〇一五年に自論を発表している。「本能寺の変研究の新段階―『石谷家文書』の発見―」および「足利義昭の上洛戦―『石谷家文書』を読む―」（いずれも『明智光秀　史料で読む戦国史』八木書店）の二論である。同氏は、B文書を利三から見せられた光秀が信長に進言したがきかれず、そのため謀反を決意するに至った、という考えである。そして、この文書によって光秀の「単独謀反説」は否定されたとし、自説の足利義昭黒幕説へと結び付けている。さらに同氏は、『石谷家文書』の中の義昭側近が発給した三通の書状について、年次比定を天正十一年から天正十年に直すことによって、義昭黒幕説を補強している。しかし、強引な解釈によって自説へと引っ張って行っている、という印象はまぬかれない。

果たして『石谷家文書』の発見によって、本能寺の変の謎の解明がいくらかでも進んだのだろうか。それについては、小文とはいえ、平井上総氏の書いた「光秀謀反の契機は長宗我部氏にあったのか?」(『ここまでわかった　本能寺の変と明智光秀』洋泉社、二〇一六年)が的確にまとめている。

平井氏はこの小論の中で、五月二十一日付けの元親書状は斎藤のもとに届かなかった、との見解を示し、だからこそ、『石谷家文書』の中に残って今に伝えられたと述べている。まさにその通りであろう。

ともかく、『石谷家文書』の二通の文書によって、本能寺の変の原因が解明されたなどと考えるのは、行き過ぎと言わねばならない。ただ、長宗我部元親が最後は信長に従おうという姿勢を見せていたこと、信長と元親との間には外交の余地があったこと、これらの事実が判明したことだけでも、この発見の意義があったといえよう。

本書の原本は、二〇一二年に『信長と家康―清洲同盟の実体』として
学研パブリッシングより刊行されました。

著者略歴
一九四三年　北海道室蘭市生まれ
一九六六年　横浜国立大学教育学部卒業
現　在　戦国史研究家　岐阜市信長資料集編集委員会委員

〔主要著書〕
『織田信長家臣人名辞典』第二版（吉川弘文館、二〇一〇年）、『信長の親衛隊』（中央公論社、一九九八年）、『信長軍の司令官』（中央公論新社、二〇〇五年）、『信長の天下布武』（戦争の日本史13、吉川弘文館、二〇〇六年）、『検証　本能寺の変』（吉川弘文館、二〇〇七年）

読みなおす日本史

信長と家康の軍事同盟
利害と戦略の二十一年

二〇一九年（令和元）十二月一日　第一刷発行

著　者　谷《たに》口《ぐち》克《かつ》広《ひろ》
発行者　吉川道郎
発行所　株式会社　吉川弘文館
郵便番号一一三—〇〇三三
東京都文京区本郷七丁目二番八号
電話〇三—三八一三—九一五一〈代表〉
振替口座〇〇一〇〇—五—二四四
http://www.yoshikawa-k.co.jp/
組版＝株式会社キャップス
印刷＝藤原印刷株式会社
製本＝ナショナル製本協同組合
装幀＝渡邉雄哉

ISBN978-4-642-07111-6

刊行のことば

現代社会では、膨大な数の新刊図書が日々書店に並んでいます。昨今の電子書籍を含めますと、一人の読者が書名すら目にすることができないほどとなっています。ましてや、数年以前に刊行された本は書店の店頭に並ぶことも少なく、良書でありながらめぐり会うことのできない例は、日常的なことになっています。

人文書、とりわけ小社が専門とする歴史書におきましても、広く学界共通の財産として参照されるべきものとなっているにもかかわらず、その多くが現在では市場に出回らず入手、講読に時間と手間がかかるようになってしまっています。歴史の面白さを伝える図書を、読者の手元に届けることができないことは、歴史書出版の一翼を担う小社としても遺憾とするところです。

そこで、良書の発掘を通して、読者と図書をめぐる豊かな関係に寄与すべく、シリーズ「読みなおす日本史」を刊行いたします。本シリーズは、既刊の日本史関係書のなかから、研究の進展に今も寄与し続けているとともに、現在も広く読者に訴える力を有している良書を精選し順次定期的に刊行するものです。これらの知の文化遺産が、ゆるぎない視点からことの本質を説き続ける、確かな水先案内として迎えられることを切に願ってやみません。

二〇一二年四月

吉川弘文館